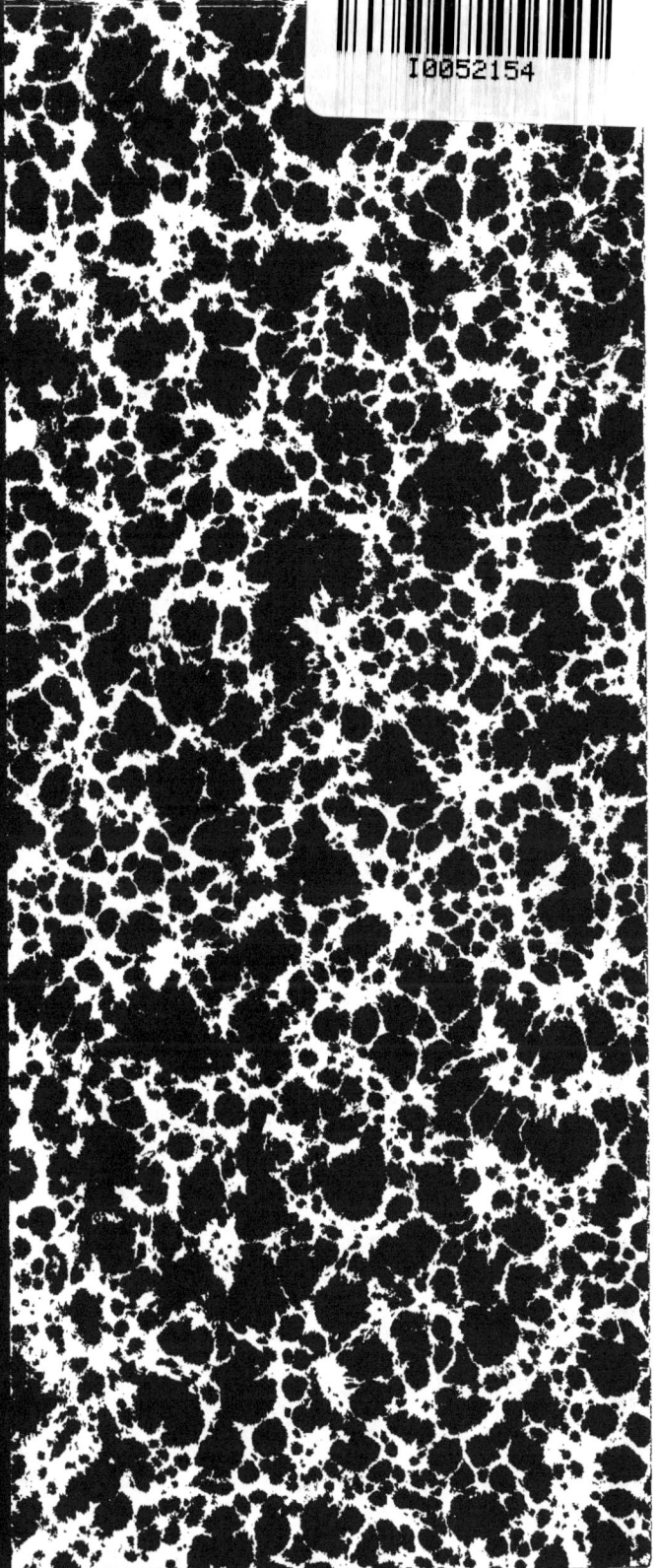

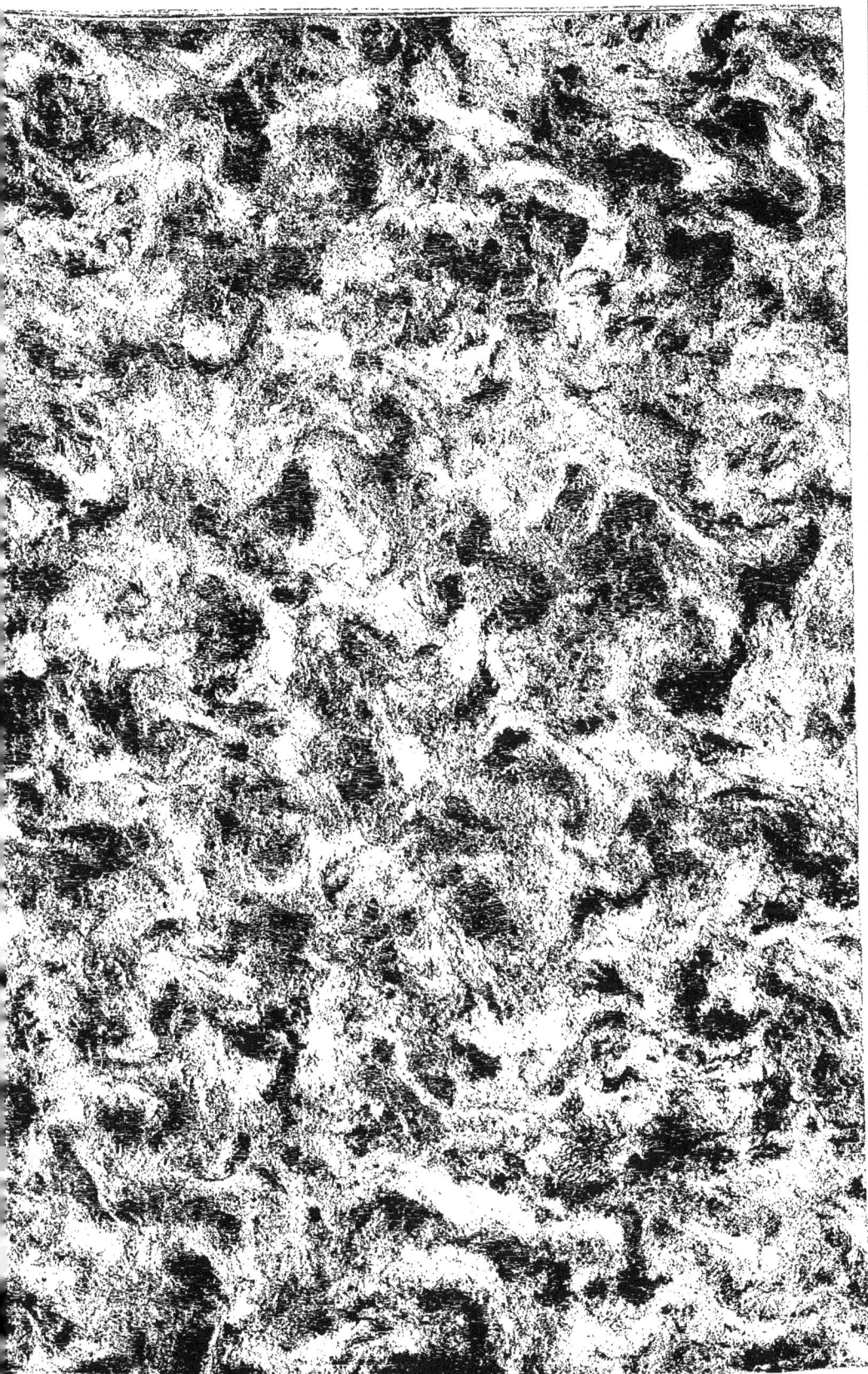

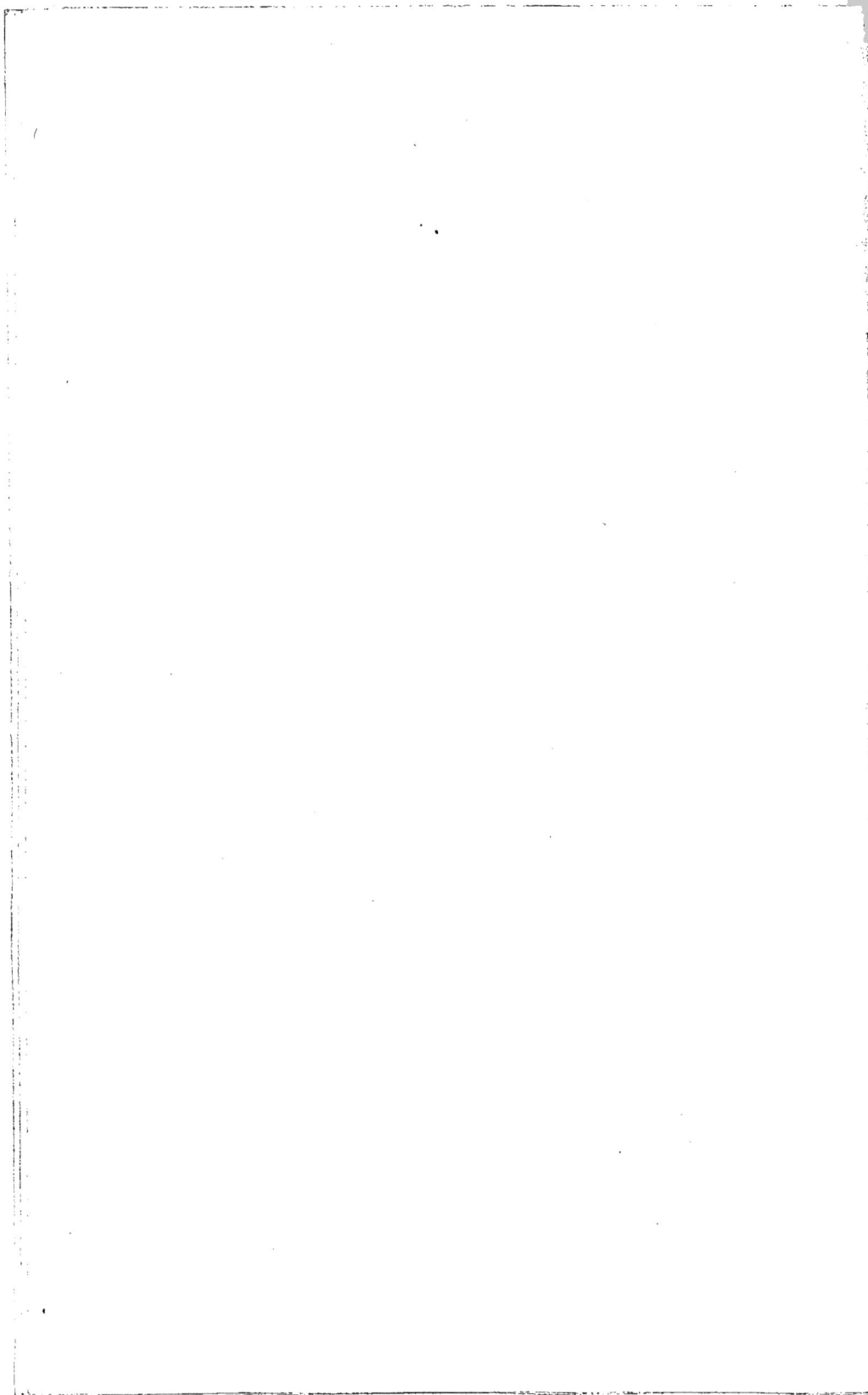

TARIF

DES

DROITS DE DOUANE

ET

DE NAVIGATION.

Indépendamment du nouveau Tarif, nous avons conservé, du travail de l'auteur, outre son Recueil des Droits et des Ordonnances des Traites, imprimé en 1786, en 4 volumes in-8° de 1600 pages, les différentes éditions du Tarif depuis 1793, époque où de grands changemens à celui du 15 mars 1791, ont commencé à avoir lieu;

Son ouvrage sur le Commerce des français aux colonies d'Amérique, dans les possessions françaises au-delà du Cap de Bonne-Espérance, aux côtes d'Afrique et au Levant;

Le mémoire qui fait connaître l'influence des Douanes sur la prospérité de la France;

Le Dictionnaire de la Législation des Droits de douane, 1 vol. in-8°., prix : 5 fr. et 6 fr. 50 c. par la poste.

Enfin celui des productions de la Nature et de l'Art, qui sont l'objet du commerce de la France avec l'étranger, 5 vol. in-8°, prix : 15 et 19 fr. 50 c. par la poste.

Cet ouvrage contient plusieurs rapports très-intéressans, adoptés par la Société d'encouragement pour l'industrie nationale (1).

(1) Aussitôt que cette société s'est formée, les principaux membres de l'administration des douanes se sont empressés d'en faire partie : d'abord M. le directeur-général, comte de l'empire, et les quatre administrateurs, dont l'exemple a été suivi par MM. Lamar, directeur à Bordeaux; Delioncourt, à La Rochelle; Casseaumajor, à St-Malo; Eudel, à Cherbourg; Doazan, à Bordeaux; Turc, à Clèves; Gorsas, à Cologne; Colasson, à Mayence; Magnier, à Strasbourg; Badon, à Voghère; Brack, à Gênes, et Ferrier à Rome;
MM. Gousseaux et Deu, inspecteurs à Neuss et à Coblentz;
Et enfin MM. Docteur, Maitrié et Gauthier, receveurs principaux à Bayonne, Cologne et Lyon, ci-devant inspecteurs.

Les exemplaires exigés par le décret impérial du 5 février 1810, ont été déposés.

Voyez, pour les additions, à la fin de ce volume.

TARIF

DES

DROITS DE DOUANE

ET

DE NAVIGATION MARITIME

DE L'EMPIRE FRANÇAIS,

PRÉCÉDÉ

D'UNE NOTICE SUR L'ORIGINE DES DOUANES, ET LES TARIFS.

TERMINÉ par des observations sur ce qui a rapport aux perceptions, prohibitions, à la taxe sur le sel, etc., etc.

Ouvrage faisant suite au Dictionnaire des productions de la nature et de l'art, qui sont l'objet du commerce de la France avec l'étranger, etc., etc.

PAR M. MAGNIEN,

Administrateur des Douanes, Membre du Conseil d'Administration de la Société pour l'encouragement de l'Industrie nationale.

PRIX : 5 *fr.* et 5 *fr.* 75 *cent. par la poste.*

A PARIS,

Chez Ant. BAILLEUL, imprimeur-libraire, éditeur du *Journal du Commerce*, rue Helvétius, n°. 71 ;

Et à Strasbourg, chez F.-G. LEVRAULT, imprimeur-libraire.

MAI 1811.

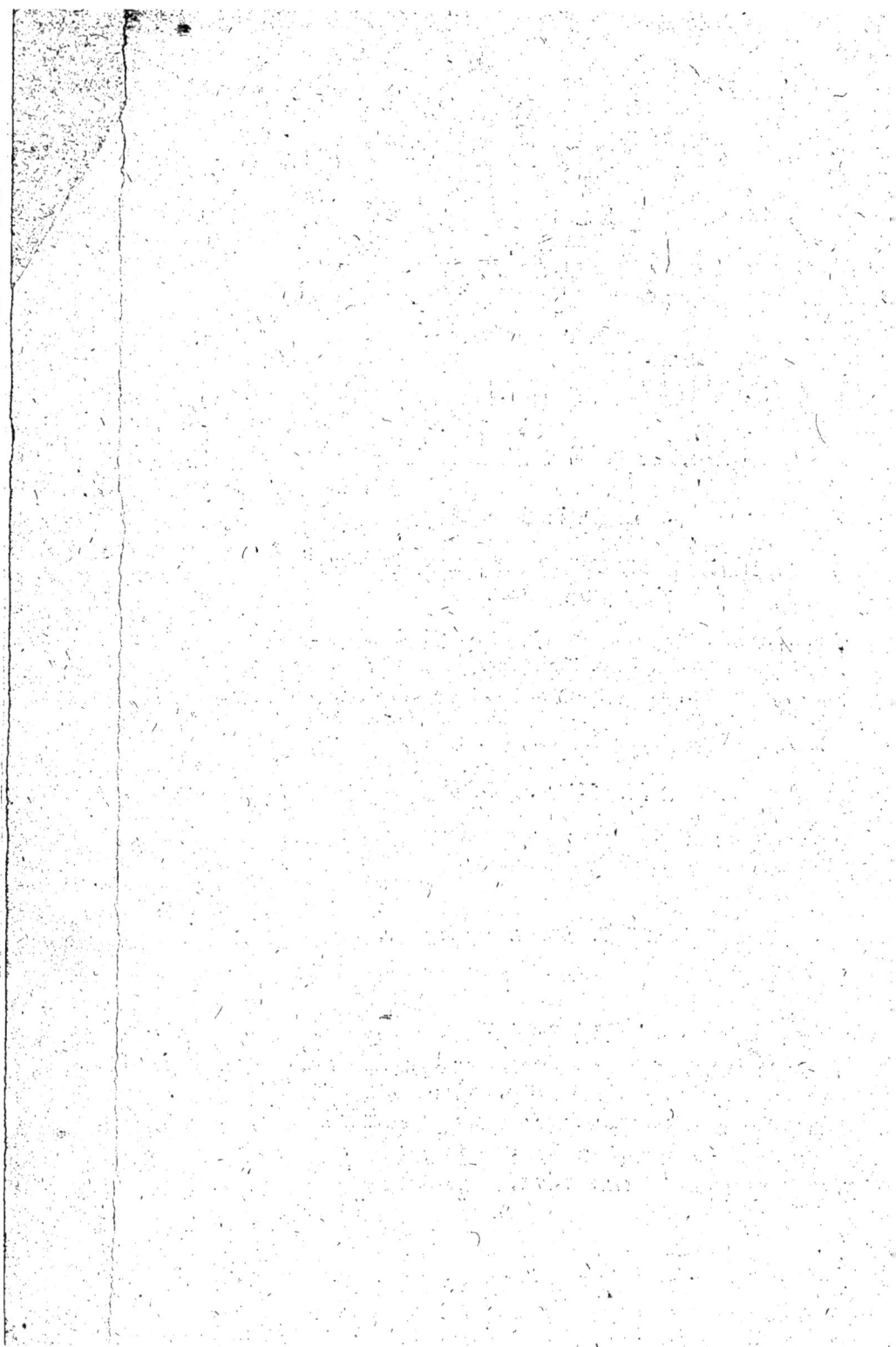

DES DROITS

D'ENTRÉE ET DE SORTIE,

Sur les relations de certains pays avec l'étranger.

Tous les gouvernemens policés ont assujetti à des droits, dits de *traites* ou de *douanes*, les denrées et marchandises venant de l'étranger sur leur territoire, ou qui en étaient exportées. Ces droits, dans les principes d'une saine politique, devaient être considérés moins comme une branche des revenus de l'état, que comme un moyen d'encourager l'industrie nationale : aussi, les souverains qui ont envisagé les douanes sous ce point de vue, n'ont établi de forts droits à l'importation, que sur les objets ouvrés ou fabriqués chez l'étranger, qui étaient susceptibles d'entrer en concurrence avec les produits des manufactures de leurs états; ils ont eu soin, au contraire, de faire jouir d'une immunité absolue, ou de n'assujettir qu'à de faibles droits, les matières premières servant d'aliment à l'industrie de leurs sujets, comme encore les matières qui, n'ayant reçu qu'un léger apprêt, pouvaient acquérir, par une nouvelle main-d'œuvre, une valeur plus considérable; enfin les denrées nécessaires à la consommation de

a

la classe peu aisée. Une conséquence de ce système, devait être de favoriser l'exportation des marchandises fabriquées.

Ces droits , qui furent d'abord le prix de la sûreté et de la liberté que le souverain procura au commerce, étaient, en France, perçus non seulement aux frontières de l'étranger, mais encore aux passages de différentes provinces dans d'autres ; ce qui divisait la France en une infinité de petites souverainetés particulières, dont les transactions commerciales étaient soumises à des taxes.

On sent quelles gênes l'agriculture et l'industrie manufacturière devaient éprouver de droits si multipliés, établis tant sur nos relations avec l'étranger, que sur les communications entre certaines provinces ; droits qui n'étaient dans aucune proportion avec les facultés des redevables et leurs besoins ; qui fatiguaient par le mode de perception autant que par leur rigueur même, non seulement les spéculations commerciales, mais encore la liberté individuelle ; qui rendaient les différentes parties de la France étrangères les unes aux autres, resserraient nos consommations, empêchaient nos débouchés au dehors, et nuisaient ainsi à la réproduction et à l'accroissement des richesses nationales.

Les inconvéniens de cet ordre de choses étaient sensibles ; cependant nul n'osait se plaindre de ces droits de circulation, parce que les partisans de ce système prétendaient que l'abolition de ces droits priverait le fisc d'une grande portion de ses revenus, quoique le contraire fût évident, et n'ait pas tardé à être démontré. Mais j'osai m'expliquer à cet égard, page 128 du Dictionnaire en quatre

volumes, que je fis paraître à la fin de 1785; je m'y
exprimai en ces termes : « Combien de tems encore
» dureront ces disparités qui gênent et embarrassent
» la circulation? Ne verra-t-on pas bientôt les douanes
» portées à l'extrême frontière, et l'uniformité dans
» les droits *d'Entrée* et de *Sortie* partout le royaume?
» L'attention du gouvernement à s'occuper de tout
» ce qui intéresse le commerce, nous garantit qu'il
» mettra à exécution ce projet, dès qu'il sera pos-
» sible de concilier les facilités dont il a besoin,
» avec la nécessité d'assurer la garde de la barrière
» unique qui nous séparerait de l'étranger. »

Je doute cependant que ces observations eussent
été suivies de l'effet qu'on devait en attendre, sans
l'abandon que, dans la nuit *du 4 août* 1789,
les différentes provinces de l'empire firent de tous
leurs priviléges *d'exception* : mais au moyen de
cet abandon, l'assemblée nationale put rendre les
décrets des 30 et 31 *octobre* 1790, qui, en sup-
primant les droits de *traites* ou *douanes* et les tarifs
alors existans, ainsi que les bureaux *intérieurs*, or-
donna que ces différens tarifs et droits seraient rem-
placés par un tarif uniforme dont la perception.
n'aurait lieu qu'aux entrées et sorties du royaume.

Ce tarif, qui porte la date *du 15 mars* 1791,
contenait peu de prohibitions; mais, pour la prospérité de nos manufactures, bientôt on a prohibé
tout ce qui pouvait leur porter un préjudice notable;
on a ensuite fait tant et de si fréquens changemens.
à ce tarif, que souvent la connaissance des droits.
d'Entrée et de *Sortie*, ainsi que des prohibitions, aurait été impraticable, si, toutes les fois que le nombre des innovations l'a exigé, je ne m'étais empressé

de publier un ouvrage au courant. Il était en ce moment plus utile que jamais de completter cet ouvrage ; c'est ce dont je me suis occupé comme on le verra ci-après.

TARIF

DES DOUANES

DE L'EMPIRE FRANÇAIS.

DROITS D'ENTRÉE, *et quotité de ces droits,*
non compris le décime par franc.

Nota. Quand il n'est point énoncé que le droit sera perçu à la valeur, au nombre, à la mesure ou à la livre, il est dû au quintal décimal, composé de dix myriagrammes, qui font 204 livres ancien poids, ou cent kilogrammes.

Par *livre*, on doit entendre une livre métrique, et par *once*, une once métrique ou un hectogramme.

Le droit est dû au brut, si le mot *net* n'est point exprimé.

Le muid de Paris de 288 pintes doit être évalué à 268 litres ⅓₀. (*Lettre de S. Ex. le ministre des finances, du 28 ventose an 10.*)

On cite le titre de la perception, de l'affranchissement ou de la prohibition, lorsqu'il est postérieur au tarif du 15 mars 1791.

La lettre D indique les marchandises qui sont passibles du double droit ordonné par le *décret du 8 février* 1810 ; B, celles qui, d'après *la loi du 24 nivose an* 5, payent, au choix du redevable, 15 centimes par 100 fr. de valeur, ou 51 c. par quintal décimal.

Les objets tirés *à néant* sont absolument exempts.

L'abréviation *NN* placée à la suite d'une dénomination chimique, avertit que cette dénomination appartient à la nouvelle nomenclature.

Les objets omis en ce tarif doivent, savoir : *ceux qui ont reçu quelque main d'œuvre*, dix pour cent de la valeur; *ceux non ouvrés*, trois pour cent. (*Loi du 22 août* 1791, *titre* 1er., *article* 5.)

A.

		fr.	c.
Abel-mosc ; V. Ambrette.			
Absynthe, herbe.	D		51
Absynthe (Extrait d') (*lettre du 5 thermidor an* 12); comme liqueur.			
Acacia, drogue.	D	12	24
Acaja, ou Prunes de Montbain.	D	2	4

	fr.	c.
Amadou........................	6	12
Amandes en coque (*loi du 30 avril 1806*)...	10	
Amandes cassées (*circ. du 22 ventose an 13*); le même droit.		
Ambre gris et liquide ; la liv. net..........D	30	60
Ambre jaune ou Carabé.:.................D	18	36
Ambrette ou Abel-mosc.............	5	10
Amiante................................		51
Amidon...........................	10	20
Ammomum Racemosum ou Verum.........D	15	30
Ammoniac ; V. Sel.		
Ammy.................... .....D	4	8
Amurca ou Marc-d'Olives.................	B	
Anacardes.............................D	6	12
Anatrum ou Natrum (*Carbonate de soude* NN), Écume de verre.....................	B	
Anchois..	18	36
Ancres de fer.........................	3	6
Anes ou Anesses, la pièce..................		25
Angélique, (graine , racine et côte d')......D	8	16
Anguilles marinées ,(*circul. du 13 octobre 1807*); comme poisson de mer salé.		
Anis étoilé, Badiane ou Anis de la Chine (*loi du 30 avril 1806*) ; au net.................D	75	
Anis verd (graine ou semence d'), (*même loi*) D	18	
Antale ou Antalium, coquillage..............	3	6
Antimoine crud.........................D	3	6
Antimoine préparé.......................D	8	16
Antolphe de girofle......................D	30	60
Autore ou Antora.......................D	2	4
Apocin (graine d')......................D		51
Apparaux de navires ; V. Agrès.		
Appios ou fausse Angélique.................D	5	10
Arbres en plants.........................	B	
Arcanson ou Brai sec ; V. ce dernier mot.		
Arco ou Potin gris.	9	18
Ardoises ordinaires (*loi du 30 avril 1806*); le mille en nombre.....................	7	50
Ardoises en table (*même loi*); le cent en nomb.	30	
Aréca ou Arèque....................D	5	10
Argent en masse , en lingots , en espèces monnayées et argenterie cassée.....................	B	
Argent fin en trait , en lames , en feuilles , battu et filé , la livre net......................	24	48
Argenterie de toutes sortes, (sauf les exceptions ci-après); la livre net.....................	24	48
Argenterie cassée ; V. Argent en masse , etc.		

B.

	fr.	c.
Baleine coupée et apprêtée (1).................	61	20
Baleine en fanons (2).........................	30	60
Balles de fusils ; à Munitions.		
Balles de paume...............................	12	24
Bambous ; à la valeur..........................	12 p. $\frac{0}{0}$	
Bandes de roues (*loi du 1er août* 1792) ; comme Fer en verges.		
Bandoulières ou Baudriers (*loi du 10 brumaire an* 5) ; prohibés.		
Bangue...............................D	6	12
Barbotine ; V. Semen Contra.		
Barbues et Barbançons (*loi du 1er août* 1792) ; comme Poterie de terre.		
Bardanne , (racine de)...............D		51
Bas de fil , de laine , de soie ou d'autres matières ; prohibés comme Bonneterie.		
Basins de toutes espèces (*loi du 10 brumaire an* 5) ; prohibés.		
Bateaux , barques , canots et autres bâtimens de mer hors d'état de servir..................	B	
Bateaux du Rhin , neufs ; à la valeur...........	10 p. $\frac{0}{0}$	
Bâtimens de mer en état de servir (*loi du 19 mai* 1793) ; à la valeur.................	2 $\frac{1}{2}$ p. $\frac{0}{0}$	
Batistes ; V. Linons.		
Bâts , selles grossières ; la pièce..............		50
Battefeux ; à Mercerie.		
Battin non ouvré.............................	B	
Battin ouvré (*lettre du 6 février* 1806); comme cordages de jonc et de tilleul.		
Baume du Canada , la livre net..........D	1	2
Baume de Copahu (*loi du 30 avril* 1806), la livre net ....D	1	50
Baume du Pérou (*même loi*), la livre net....D	6	
Baume de Riga (*lettre du 20 janvier* 1806), comme droguerie omise ; à la valeur..............	20 p. $\frac{0}{0}$	
Baume de Tolu et de la Mecque , la livre net..D	2	55
Bedelium.............................D	12	24
Béliers ; à Bestiaux.		
Ben (noix de)........................D	12	24
Benjoin (*loi du 30 avril* 1806), au net........D	60	
Besoard ou Pierre de Fiel , au net..........D	12½	40

(1) Voyez, aux Observations , celle qui concerne les denrées coloniales ; et les productions des deux Indes en général.
(2) Idem.

fr. c.

Bestiaux, consistant en agneaux, béliers, bœufs,
boucs, bouvillons, brebis, cabris, chevreaux,
chèvres, cochons, génisses, moutons, taureaux,
vaches et veaux (*lois des* 15 *mars* 1791 *et* 24
nivose an 5.)............................ *néant.*

Bétel (feuilles de)......................D   20   40
Beurre frais............................... B
Beurre salé et fondu (*loi du* 19 *mai* 1793)..... B
Beurre de cacao; V. Huile.
Beurre de nitre et de salpêtre..............D   6   12
Beurre de pierre ; V. Kaminonâle.
Beurre de Saturne......................D   5   10
Bigarades ; V. Fruits.
Bierre (*loi du* 30 *avril* 1806); le muid, jauge de
Paris....................................   15
Bijouteries de toutes sortes ; à la valeur.........   12 p. %
Bimbloterie (*loi du* 30 *avril* 1806)............   80
Biscuit de mer.............................. B
Biscuit importé par la Hollande ; V. les disposi-
tions particulières à ces nouveaux départemens.
Bismuth ou Etain de glace....................   2   4
Bisnague ou Visnague (taille de).............   12   24
Bisquains ; V. Howes.
Bistorte................................D   1   53
Bistre..................................D   1   53
Bitume de Judée; V. Asphaltum.
Bitumes, autres que ceux dénommés au présent
tarif....................................   2   4
Blanc de baleine......................D   30   60
Blanc de plomb (*Carbonate Blanc de plomb*, NN.),
(*décret du* 11 *juillet* 1810).................   20
Blanc à l'usage des femmes....................   48   96
Bleu minéral, dit de montagne, dont le cuivre fait
la base (*lettre du* 23 *juillet* 1807), comme omis ;
à la valeur..............................   10 p. %
Bleu de Prusse (*Prussiate de potasse*, NN.),..D   61   20
Bois à bâtir et à brûler...................... B
Bois de buis..............................   2   4
Bois de construction navale et civile.......... B
Bois d'éclisses pour tamis, seaux, cribles, etc. ;
à la valeur..............................   5 p. %
Bois feuillards pour cercles ou lattes, etc. ; le
mille en nombre..........................   25
Bois merrain .... B
Bois de miroirs non enrichis ; à Mercerie.
Bois ouvrés de toutes sortes ; à la valeur.......   15 p. %

fr. c.

Bois en planches et madriers, sauf l'exception ci-
après, (*loi du 1er août 1792*)................. B

Bois sciés, importés par les départemens de la Lys,
de l'Escaut et des Deux-Nèthes (*loi du 19 thermidor an 4*); à la valeur.................. 10 p. ²⁄₄

Bois à tan.............................. B

Bois d'acajou (*décret du 5 août 1810*)......... 50

Bois d'amaranthe (*lettre à Saint-Malo, du 24
mai 1810*); comme Bois de marqueterie.

Bois de Brésil (1) (*lettre du ministre de l'intérieur,
du 15 novembre 1810*); comme le Fernambouc 120

Bois Brésillet (2) (*décret du 12 septembre 1810*) . 15

Bois Caliatour (*même décret*).............. 15

Bois de Campêche (*décret du 5 août*)......... 80

Bois de Cayenne satiné (*décret du 12 septembre*).. 30

Bois de Fernambouc (*décret du 5 août*)........ 120

Bois de Gayac (*décret du 12 septembre*)....... 30

Bois jaune (*décision du ministre de l'intérieur,
du 13 octobre 1810*); comme l'acajou....... 50

Bois de marqueterie, autres que ceux dénommés
(*loi du 8 floréal an 11*)..............D 15

Bois de Palixandre (*décret du 12 septembre 1810*) 50

Bois rouge (*même décret*).............. 150

Bois de Sainte-Marthe (*décision du ministre de
l'intérieur, du 13 octobre 1810*); comme le
Brésillet............................. 15

Bois Santal rouge (*décret du 12 septembre*)... 20

Bois de teinture en bûches ou Eclisses, autres que
ceux dénommés...................... B

Bois de teinture moulu (*décret du 5 août*),...... 100

Bois à l'usage de la Médecine et des Parfumeurs; savoir :

Bois d'Aloès ou Aspalatum (*décret du 12 septembre
1810*), au net..... 800

Bois de baume ou Xilo-balsamum...........D 40 80

Bois de crable ou de gérofle................D 50 60

Bois néphrétique....⎰   ⎱   500

Bois de Rhodes.....⎹ (*décret du 12 sep-*⎹au net. 200

Bois de Santal citrin⎹   *tembre*),   ⎹   250

Bois tamaris,......⎰   ⎰   150

---

(1) Le Brésil et le Fernambouc sont une même sorte de bois; la dif-
férence de leur dénomination tient uniquement à ce que le Fernambouc est coupe *royale*, et le Brésil coupe *particulière* (*Circul. du 20
novembre 1810.*)

(2) Le Brésillet, originaire des Antilles et de la Guyane, forme une
espèce distincte du Brésil, et inférieure en qualité. (*Circ. du 20 novembre 1810.*)

	fr.	c.
Boîtes de bois blanc.........................	15	36
Boîtes ferrées, boîtes de sapin peintes; à Mercerie.		
Boîtes ou tabatières de carton ou de papier......	285	60
Boîtes de cuir (*loi du* 10 *brumaire an* 5); prohibées.		
Bol d'Arménie........................D	4	8
Bombes et boulets; à Munitions.		
Bonneterie de toute espèce (*lois des* 1er *mars* 1793 *et* 10 *brumaire an* 5); prohibée.		
Borax brut (*Borate de soude*, NN.), (*loi du* 30 *avril* 1806).....................D	25	
Borax raffiné (*même loi*), au net..........D	90	
Bouchons de liége (*même loi*)...............	56	
Boucles de cuivre (*loi du* 10 *brumaire an* 5); prohibées.		
Boucs; à Bestiaux.		
Bougettes; à Mercerie.		
Bougies de spermacéty ou Blanc de baleine....,	61	20
Bougran; V. Toile gommée.		
Boules de mail...........................	8	16
Boules de terre...........................	B	
Bourdaine...............................	B	
Bourgeons de sapin....................D	1	55
Bourre ou ploc de toutes sortes...............	B	
Bourre rouge et autres à faire lit, bourre nolisse ou nalisse, bourre tontisse et bourre de chèvre....	B	
Bourses de cuir, de fil et de laine; à Mercerie.		
Boutargue...............................	6	12
Bouteilles de grès (*loi du* 1er *août* 1792); comme Poterie de terre.		
Bouteilles de verre pleines; V. Verres.		
Boutons de toute espèce, sauf les exceptions ci-après (*lois des* 1er *mars* 1793 *et* 10 *brumaire an* 5); prohibés.		
Boutons de coco (*décision du* 7 *germinal an* 5); comme Mercerie commune.		
Boutons de manches d'étain et autres métaux communs; à Mercerie.		
Bouvillons; à Bestiaux.		
Brai gras (*loi du* 30 *avril* 1806).............	3	
Brai sec (*même loi*).......................	3	
Brebis; à Bestiaux.		
Brides et bridons (*loi du* 1er *août* 1792); comme Harnais.		
Briques, tuiles ou carreaux de terre; le mille en nombre................................	75	

Briquets limés ; à Mercerie.

Broches ; à Quincaillerie.

Bronze ou Airain, et tout métal, non ouvré, allié de cuivre, d'étain ou de zinc.................. 12 24

Bronze ouvré (*loi du 10 brumaire an 5*); prohibé.

Bronze en vieux canons (*décision du 1er complémentaire an 12*); comme Cuivre rouge en mitraille.

Brosserie ; à Mercerie.

Brou ou Ecorce de noix..................... B

Bruyères à faire vergettes..................... 51

Brun rouge ou Rouge brun..................... 51

Burails et crêpons de Zurich (*décision du 28 brumaire an 9*)..................... 142 80

C.

CABRIS ; à Bestiaux.

Cacao (*décret du 7 novembre 1810*), au net..... 500

Cacao broyé et en pâte ; V. Chocolat.

Cacao (épluchures de) (*lettre du 22 septembre 1806*); comme Cacao.

Cacao (pelures de) (*lettre du 3 juillet 1807*), comme Droguerie omise ; à la valeur........ 20 p. ⁰⁄₀

Cachou (*décret du 12 septembre 1810*), au net... 600

Cadrans d'horloges et de montres ; à Mercerie.

Café (*décret du 5 août 1810*), au net........... 400

Caillou à faïence ou porcelaine.............. B

Calagnala (racine de) (*lettre du 30 juillet 1807*), comme droguerie omise ; à la valeur........ 20 p. ⁰⁄₀

Calamine ou Cadmine (*Carbonate de zinc, NN.*).. B

Calamine blanche ; V. Pompholix.

Calamus verus, aromaticus ou amarus........D 4 59

Calcantum ou Vitriol rubifié, Colchotar........ 4 59

Calebasse de terre, plante...................D 1 2

Calebasse, courge vidée et séchée............ 6 12

Caméléon ; V. Carline.

Camomille (fleurs de).....................D 6 12

Camphre (*loi du 30 avril 1806*), au net........D 100

Canéfice ; V. Casse.

Cannelle (*décret du 5 août*), par quintal net :

    fine..................... 2,000

    ordinaire..................... 1,400

Cannelle blanche ; V. Costus doux.

Cannes ou joncs non montés ; V. Joncs pour cannes.

	fr.	c.
Canons de bronze vieux ; Voyez Bronze.		
Canons de fer, de fonte, de fusils, de pistolets ; à Munitions.		
Canots ; à Bateaux.		
Cantharides (mouches)...................D	30	60
Caparaçons pour chevaux (*loi du 1er août 1792*); comme Harnais.		
Capillaires...........................D	6	12
Câpres; V. Fruits.		
Câprier (racine de).....................D	6	12
Carabé; V. Ambre jaune.		
Caractères d'imprimerie, en langue française....	81	60
Caractères en langues étrangères.............	40	80
Caractères vieux d'imprimerie, en sac ou bloc...	B	
Carbonate blanc de plomb; V. Blanc de plomb.		
Carbonate de soude ; V. Anatrum.		
Carbonate de zinc ; V. Calamine.		
Carbure de fer ; V. Mine de plomb.		
Cardamomum, au net...................D	61	20
Cardes à carder.......................	9	18
Caret ou Ecaille de tortue (*décret du 12 septembre*).	1,500	
Carlets ; à Quincaillerie.		
Carline ou Caroline, ou Caméléon..........D	4	8
Carmin fin, la livre...................D	28	56
Carmin commun.....................D	16	32
Carouge ; V. Carrobe.		
Carpobalsamum......................D	12	24
Carreaux de pierres....................	B	
Carreaux de terre ; V. Briques.		
Carreaux de terre vernis (*décision du 16 octobre 1806* ; comme Poterie de terre grossière.		
Carrobe ou Carrouge...................		50
Cartami (graine de).....................D	3	6
Cartes géographiques ; à la valeur............	5 p.	¼
Cartes à jouer (*lois des 15 mars 1791 et 9 vendémiaire an 6*); prohibées.		
Cartons de toutes espèces.................	48	96
Ce qui comprend les Cartons en feuilles propres à l'apprêt des draps.		
Cartons gris ou pâtes de papier.............	B	
Carvi ou Carvi semen...................D	6	12
Casse ou Canéfice (*décret du 12 septembre 1810*), au net...........................	150	
Cassia lignea (*même décret*); comme Cannelle ordinaire, au net.......................	1,400	
Castine.............................	B	
Castoreum, au net.....................D	91	80

	fr.	c.
Catapuce ou Palma-Christi...............D	6	12
Cauris; V. Coris.		
Cédrats; V. Fruits.		
Ceintures de laine (*décision du 3 vendémiaire an 13*); prohibées, comme Bonneterie.		
Cendres à l'usage des manufactures, comme Cendres communes, Cendres d'orfévre et Cendres de chaux...................................	B	
Cendres bleues et vertes, à l'usage des peintres, au net............................D	81	60
Cendres de bronze.......................	6	12
Cendres gravelées; V. Potasses.		
Cercles de fer dont sont revêtues les futailles vides (*lettre du 24 frimaire an 13*); à la valeur......	10 p. $\frac{2}{3}$	
Cerf (os de cœur de)...................D	20	40
Cerf (moëlle, nerf, vessie de)...........D	6	12
Cerf (esprit, sel, huile de)..............D	6	12
Cerf (cornes rapées de)................D	4	8
Céruse en pain et en poudre (*décret du 11 juillet 1810*)..............................	20	
Céterac, espèce de capillaire............D	1	2
Cévadille (graine de).................D	4	8
Chadecs; V. Fruits.		
Chaînes de fer (grosses), (*loi du 1er août 1792*); comme ouvrages de Serrurerie.		
Chairs salées (*loi du 19 mai 1793*)...........	B	
Chaises communes en bois (*lettre du 23 février 1807*); comme Ouvrages en bois.		
Champignons frais (*lettre du 12 novembre 1808*), comme omis; à la valeur................	5 p. $\frac{2}{3}$	
Champignons secs.......................	50	60
Chandelles de suif......................	6	12
Chanvre, même apprêté ou en filasse..........	B	
Chapeaux anglais (*loi du 10 brumaire an 5*); prohibés.		
Chapeaux non anglais, savoir :		
de castor et demi-castor, la pièce....	6	
de toute espèce, en poil commun ou laine; la pièce..................	3	
de crin, la douzaine...............	2	50
d'écorce de bois (1), (*loi du 30 avril 1806*); la douzaine...............	5	

---

(1) Le droit porte sur la réunion de la *coque* et du *plateau*; aussi douze *coques* et douze *plateaux* ne forment qu'une douzaine de chapeaux, (*Décision du 17 ventose an 10.*)

fr.   c.

Chapeaux d'écorce de bois des fabriques du royaume
  d'Italie (*traité du 20 juin*); la douzaine......   2   50
Chapeaux de paille (1), (*loi du 30 avril*); la douz.   8
  Idem des fabriques du royaume d'Italie
    (*traité du 20 juin*); la douzaine.......   4
Chapeaux de cuir (*loi du 10 brumaire an 5*);
  prohibés.
Chapeaux marc de rose.........................   51
Chapelets de bois et de rocailles ; à Mercerie.
Chapes de boucles de fer ou d'acier (*loi du 10
brumaire an 5*); prohibées.
Charbon de bois et de chenevottes............   B
Charbon de terre (*loi du 8 floréal an 11*); le
  tonneau de 10 q. 77 lb., importé par l'Océan,
  de Saint-Jean-de-Luz aux Sables d'Olonne inclusivement.............................   8
    des Sables d'Olonne à Rhedon inclusivement.   10
    de Rhedon à Tréport, inclusivement......   8
    de Saint-Vallery-sur-Somme jusqu'à l'Authie
    exclusivement.........................   10
    de l'Authie à Anvers, et par la mer du Nord..   15
    Par tous les ports de la Méditerranée........   10
Ces droits doivent être perçus par tonneau,
  lorsque la totalité du chargement est en charbon ; et d'après la pesée réelle, à raison de
  10 quintaux 77 lb. pour un tonneau, si le
  navire est chargé de marchandises sujettes à
  différens droits. (*Loi du 1er août 1792.*)
Charbon de terre importé par terre (*loi du 19 mai
1795*), le baril de 120 lb..................   10
Chardons à drapiers et bonnetiers.............   B
Châtaignes et marrons ; V. Fruits.
Chaux à brûler, le mètre cube................   50
Chevaux, excepté ceux ci-après (*loi du 16 avril
1795*)...................................   B
Chevaux anglais (*arrêté du 13 thermidor an 9*);
  prohibés.
Cheveux (*loi du 1er août 1792*).............   B
Chèvres et chevreaux ; à Bestiaux.
Chicorée (racine de); V. Racine.
Chicotins (*lettre du 15 thermidor an 9*); prohibés,
  comme ouvrages en peau.
Chiens de chasse, la pièce...................   50

---

(1) Le droit est dû, quels que soient le degré de confection ou les
dimensions des chapeaux. (*Lettre du 24 février 1808.*)

ENTRÉE. 17

Chocolat (*loi du* 30 *avril* 1806); au net.....D 260
   Ce droit est commun au cacao broyé et en
   pâte. (*Circulaire du* 24 *mars* 1806.)
Chouan ou Couan.......................D 51
Chou-croûte............................ 4 8
Chou de mer ; V. Soldanelle.
Cidre, le muid de Paris................. 6
Cigarres ; V. Tabac fabriqué.
Ciment................................. B
Cimolée ; V. Terre moulard.
Cinabre naturel et artificiel (*Mercure sulfuré*
   rouge, NN.)....................D 20 40
Cinabre pulvérisé : c'est le vermillon (*circulaire*
   du 15 *octobre* 1810); V. Vermillon.
Cire blanche non ouvrée (1)............. 61 20
Cire blanche ouvrée (2)................. 81 60
Cires blanches non ouvrées et ouvrées, du crû ou
   des fabriques du royaume d'Italie (*traité du* 20
   juin 1808); moitié des droits ci-dessus.
Cire jaune non ouvrée (3)............... 6 12
Cire jaune ouvrée (4).................. 48 96
Cire à cacheter........................ 97 92
Cire à gommer, à l'usage des tapissiers........ 12 24
Cire pour souliers..................... 61 20
Citouard ; V. Zédoaire.
Citrons ; à Fruits.
Citrons (jus de); V. Jus.
Civette; la livre net................D 122 40
Clapons ; à Cornes.
Cloches, clochettes, mortiers de fonte et de mé-
   tal (*loi du* 10 *brumaire* et *décision du* 27 *ventose*
   an 5); prohibés.
Cloches cassées ; V. Métal de cloches.
Cloportes............................D 30 60
Clous, autres que ceux de cuivre tarifés à Cuivre
   (*loi du* 10 *brumaire*); prohibés.
Cobalt ou Cobolt...................... 2 4
Cochenille (*décret du* 5 *août* 1810); au net.... 2,000
Cochons; à Bestiaux.

---

(1) Voyez l'observation relative aux denrées coloniales et productions
des deux Indes.

(2) Idem.
(3) Idem.
(4) Idem.

	fr.	c.
Coco (noix de) ....D	12	24
Coco (coques de).......................	B	
Coffres non garnis ; à Mercerie.		
Colchotar ; V. Calcantum.		
Colles, excepté celle ci-après.................	12	24
Colle de poisson (*loi du 30 avril* 1806); au net. D	80.	
Colliers de perles et de pierres fausses ; à Mercerie.		
Colophone ou Colophane, espèce de résine; comme Brai.		
Coloquinte. ....D	6	12
Compas ; à Mercerie.		
Confections de toutes sortes ; prohibées.		
Confitures de toutes sortes (*loi du 8 flor. an* 11).(1)	70	
Contrayerva . ...D	10	20
Contrayerva blanc ; V. Asclépias.		
Coquelicot ; V. Pavot rouge.		
Coques du Levant........................D	8	16
Coquillages et autres morceaux d'histoire naturelle.	B	
Coquillages de mer , (autres que ceux dénommés au tarif), (*loi du* 1er *août* 1792)............	B	
Coquilles de nacre ; V. Nacre.		
Corail non ouvré , en fragmens................	20	40
Corail ouvré ; à la valeur..................	15 p. $\frac{3}{8}$	
Corail en poudre ; prohibé.		
Corail de jardin ; comme Piment.		
Coraline ou mousse marine.................D	4	8
Cordages de chanvre (*loi du 30 avril* 1806)....	15	
La ficelle et tous autres ouvrages de corderie sont compris sous cette dénomination. (*circulaire du 23 pluviose an* 13 , *et lettre du* 21 *mars* 1807.)		
Cordages de chanvre des fabriques du royaume d'Italie (*traité du 20 juin*)................	7	50
Cordages de jonc et de tilleul (*loi du 30 avril*)	4	
Cordages usés............................	B	
Cordes à violons (*loi du* 1er *août* 1792); comme Mercerie fine.		
Cordonnets de fil (*même loi*); comme Rubans de fil.		
Cordonnerie (ouvrages de) (*loi du* 10 *brumaire an* 5); prohibés.		

---

(1) Voyez l'observation qui concerne les denrées coloniales.

fr. c.

Cordons de laine et de fil de chèvre mêlés ; V. Rubans.

Coriandre (graine de)....................D 1 53

Coris ou Cauris............................ B

Cornes de bœufs ou de vaches , le mille en nombre. 25

Cornes brûlées et ébauchées pour manches de couteaux (*loi du 1er août 1792*); comme celles rondes.

Cornes de cerf et de snack.................. 2 55

Cornes de cerf rapées ; V. Cerf.

Cornes en feuillets transparens (*loi du 8 floréal*), par cent quatre feuillets ; savoir :

de 19 à 24 centimètres de longueur, sur 19 à 22 de largeur.............................. 8

de 14 à 16 centimètres *idem* , sur 11 à 14 *idem*. 6

de 11 à 14 centimètres *idem*, sur 11 *idem*..... 4

de 11 centimètres et au-dessous *idem*, sur 11 et au-dessous *idem*.......................... 3

Cornes de licorne ; la livre..................... 6 12

Cornes de moutons , béliers , et autres communes , ce qui comprend les cornes rapées ou clapons... B

Cornes plates à faire peignes (*loi du 8 floréal*). 24

Cornes rondes à faire peignes.................. 3 6

Cornets à jouer , de corne ou de cuir ; à Mercerie.

Cornichons confits............................ 8 16

Costus indicus et amarus ; au net............D 122 40

Costus doux ou cannelle blanche............D 8 16

Côte d'angélique ; V. Angélique.

Côtes de tabacs ; V. Tabacs.

Cotons (*décret du 5 août 1810*), par quintal net :

Du Brésil , de Cayenne , de Surinam et de Démérari et Géorgie , longue soie............. 800

Du Levant , arrivant par mer................ 400

Les mêmes , arrivant par terre.............. 200

De tout autre pays , sauf ceux de Naples.... 600

Ceux de Naples , l'ancien droit (1)..........D 60

Plus , pour ces derniers , un droit additionnel de 60 fr., également par quintal , indépendamment du décime par franc. (*Décret du 12 décembre 1810*). (2)

---

(1) Loi du 30 avril 1806 , et décret du 8 février 1810.

(2) Le produit de ce droit additionnel est affecté à l'encouragement de la culture du coton, du pastel et du sucre (*même décret*).

fr. c.

Cotons filés (*décret du 22 décembre 1809*); prohibés , quels que soient leur numéro et leur origine.

Cotons filés pour mêches (*loi du 30 avril 1806*);
prohibés.

Coton (graine de)......................... B

Couan ; V. Chouan.

Couffins de palme (*lettre du 6 février 1806*); comme
cordages de jonc et de tilleul.

Couleurs à peindre de toutes sortes , en sacs , en
vases , en boîtes et en tablettes..........D   14   28

Couperose blanche (Vitriol blanc ; *Sulfate de zinc* ,
NN.),...............................D   15   50

Couperose ou vitriol bleu (Vitriol de Chypre ;
Sulfate de cuivre , NN.),...........D   15   30

Couperose verte (Vitriol de Mars ; *Sulfate de fer* ,
NN), (*loi du 1er pluviose an 13*)..........D   20

Coutellerie (ouvrages de) (*loi du 10 brumaire.*);
prohibés.

Coutils.......................................   81   60

Ceux dans lesquels il entre du coton , sont prohibés , comme Toiles de fil et coton.

Coutils de pur fil , des fabriques du royaume
d'Italie (*traité du 20 juin 1808*).............   40   80

Couvertures de coton et de fil et coton (*loi du 30
avril 1806*); prohibées.

Couvertures de laine (*Décisions des 7 messidor
an 5 et 3 vendémiaire an 13*); prohibées.

Couvertures de ploc et autres basses matières....   48   96

Couvertures de soie , de filoselle et fleuret......   204

Crasse de cire...............................   5   6

Crasse ou Pierre de sel : c'est l'écume de verre ,
tarifée au mot *Anatrum*.

Craie ; V. Alana.

Crayons noirs...............................   1   2

Crayons en pastel et autres de toutes sortes....D   10   20

Crême ou cristal de tartre (*Tartrite acidule de
potasse* , NN.)...........................D   9   18

Crêpes de soie , sauf ceux ci-après , la pièce de
11 met. 88 cent.............................   9

Crêpes de soie des fabriques du royaume d'Italie
(avec certificat du fabricant , visé par le Préfet
ou sous-Préfet , et à la charge d'entrer par le
bureau de Verceil ou celui de Casatisme) (*décret du 10 octobre 1810, art. 19*).............   B

Crépons ; V. Burails.

f. c.

Creusets d'orfévres et ceux propres aux monnaies (*loi du* 1er *août* 1792); comme Poterie de terre.

Cricqs (*lettre du* 14 *mai* 1807); prohibés, comme ouvrages en fer.

Crin (*loi du* 30 *avril* 1806).................. 12

Cristal de roche non ouvré.................. 30 60

Cristal de roche ouvré (*loi du* 10 *brumaire an* 5); prohibé.

Cristal de tartre ; V. Crême.

Cruches de grès (*loi du* 1er *août* 1792); comme Poterie de terre.

Cubèbe , ou poivre à queue..................D 4 8

Cuillers d'étain ; à Mercerie.

Cuir bouilli (*loi du* 10 *brumaire*); prohibé.

Cuirs dorés et argentés pour tapisseries (*même loi*); prohibés.

Cuirs secs et en poil (*décret du* 5 *novembre* 1810); la pièce......................... 5

Cuirs tannés, corroyés ou apprêtés , ouvrés ou non ouvrés (*loi du* 10 *brumaire*); prohibés.

On en excepte les Vaquettes ou demi-semelles de Lisbonne, qui, n'ayant reçu qu'une légère main-d'œuvre, sont admissibles en payant 10 pour 100 de la valeur. (*décision du ministre de l'intérieur*, du 19 décembre 1806.)

Cuivre rouge brut, fondu en gâteau ou plaque, lingot, rosette et mitraille rouge de toute espèce.............................. B

Cuivre argenté ; V. Argent faux.

Cuivre brûlé ; V. Æs-ustum.

Cuivre en chandeliers, flambeaux, mouchettes, tire-bouchons et autres ouvrages de même espèce ; à Mercerie.

Cuivre rouge en flaons pour les monnaies (*loi du* 19 *mai* 1795)......................... B

Cuivre jaune; V. Laiton.

Cuivre laminé pour doublage de vaisseaux et à fond de chaudière, barres à cheville, clous de cuivre rouge durcis au gros marteau, clous de cuivre allié pour doublage et pentures de gouvernail (*loi du* 8 *floréal an* 11)............ 75

Cuivre en plaques propres à faire le verdet (*décision du ministre de l'intérieur*, du 29 septembre 1810); le même droit.

Ces plaques sont rondes, d'une ligne à une ligne et demie d'épaisseur; de 21 à 22 pouces de diamètre, et du poids de deux à trois kilo-

grammes : elles ne s'emploient pas dans toute
leur grandeur ; on les coupe ordinairement en
cinq ou six parties. (*circulaire du 20 octobre suivant*).

Cuivres ouvrés, de toute autre espèce que ceux
ci-dessus (*loi du 10 brumaire*) ; prohibés.

Cumin.............................D   2   4

Curcuma (*décret du 12 septembre* 1810)..........   125

Cuscutes ; V. Epithimes.

Cyperus ; V. Souchet.

D.

DATTES ; V. Fruits.

Daucus (graine de), ou semen-dauci.......D   10   20

Dégras de peaux.........................   10   20

Dentelles de fil et de soie (*loi du 30 avril* 1806) ;
par mètre..............................   2

Dentelles grossières de fil (*même loi*) ; par mètre.   10

Dentelles d'argent fin ; la liv. net.............   81   60

Dentelles d'or fin ; la livre net.............   122   40

Dentelles d'or et d'argent faux ; la liv. net.....   24   48

Dents d'éléphant, (*Ivoire*, *Morphil*) (*décret du
12 septembre* 1810)......................   400

Dents de loup ; V. Loup.

Derle ou terre de porcelaine.................   B.

Dessins à la gouache (*lettre du 27 février* 1807) ;
comme tableaux.

Dez à coudre, autres que ceux d'or et d'argent,
et dez à jouer ; à Mercerie.

Dibidivi...............................   B

Dictame ou Radix dictami, en feuilles.......D   4   8

Dominoterie ; à Mercerie.

Dragées de toutes sortes.   30   60

Draps de laine, de coton et de poil, ou mélangés
de ces matières (*loi du 10 brumaire an 5.*) ;
prohibés, (sauf l'exception suivante).

Draps et étoffes de laine des fabriques du royaume
d'Italie, entrant par les bureaux de Verceil,
Casatisme, Pietra-Mala, Plaisance et Saint-
Prospero, avec certificat du fabricant ou
négociant expéditionnaire, visé par l'autorité
locale, et expéditions des douanes italiennes,

fr. c.

payent moitié des droits du tarif italien (1)
(*décret du 10 octobre 1810, art. 10*).

Nota. Les fabricans italiens qui veulent envoyer en France des draps et étoffes de laine
de leurs fabriques, sont tenus de se pourvoir
auprès du ministre de l'intérieur du royaume
d'Italie, pour obtenir des permis semblables
à ceux qui sont délivrés en France pour
les ouvrages de coton (*même article*).

Drilles ; à linge vieux.

Drogueries non dénommées au tarif (*loi du 30
avril 1806*); à la valeur......... . ... 20 p. ⅔

Duvet, (sauf les exceptions ci-après) (*même loi*). 100

Duvet d'autruche ; V. Autruche.

Duvet de l'Eider ; V. Ederdon.

E.

Eau de cerises ; V. Kirschwaser.

Eau de fleur d'orange (*loi du 1er août 1792*);
comme Eau médicinale.

Eau-forte (Esprit de nitre; *acide nitrique*, NN),
(*même loi*)........................D 20 40

Eaux médicinales et de senteur; au net........D 61 20

Eaux minérales , sauf le droit sur les bouteilles... B

Eau-de-vie simple (*loi du 30 avril 1806*), le litre. 20

Eaux-de-vie double et rectifiée, au-dessus de 22 degrés jusques et compris 52, (*même loi*), le litre. 40

Eau-de-vie au-dessus de 32 degrés, est réputée Esprit de vin; V. ce mot.

Eau-de-vie d'Andaye (*loi du 1er août 1792*);
comme liqueur.

Eau-de-vie , autre que de vin; prohibée.

Ecaille d'ablette............................ 2 4

Ecaille de tortue ; V. Caret.

Ecarlatte (graine d') ou Alkerme..........D 1 2

Echalats (*lettre du 26 germinal an 10*); comme
Bois feuillards pour cercles et lattes.

Les mêmes entrant par la direction de Genève,
ne sont assujettis qu'au droit de balance. (*lettres
des 7 brumaire an 13, et 5 juillet 1808.*)

(1) Pour la quotité de ces droits, *voyez* l'article *Royaume d'Italie.*

	fr.	c.
Echantillons de gants et de bas de soie dépareillés, et n'excédant pas le nombre de trois (*loi du* 1er *août* 1792).......................................	B	
Ecorce d'aulne ; V. Aulne.		
Ecorce de bois pour chapeaux de femme (*lettre du* 18 *prairial an* 13); à la valeur.........	10 p. $\frac{2}{9}$	
Ecorce de câprier........................D	6	12
Ecorces de chêne et autres à faire tan.........	B	
Ecorces de citrons , d'oranges et bergamottes...	8	16
Ecorce de coutilawan.....................D	12	24
Ecorce de gayac.........................D	1	53
Ecorce de Grenade ou Malicorium (*lettre du* 26 *avril* 1806); comme droguerie omise, à la valeur.	20 p. $\frac{2}{9}$	
Ecorce de grenadier ; V. Grenadier.		
Ecorce de mendragore ou faux gens-eng......D	18	36
Ecorce de noix ; V. Brou.		
Ecorce d'orme pyramidal ; à la valeur.........	2 $\frac{1}{2}$ p. $\frac{2}{9}$	
Ecorce de quercitron (*décret du* 12 *septembre* 1810)...................................	30	
Ecorce de scavisson ou Escavisson (*lettre du* 5 *novembre* 1806); comme droguerie omise, à la valeur...................................	20 p. $\frac{2}{9}$	
Ecorce de simarouba.....................D	15	30
Ecorce de tamaris.......................D	6	12
Ecorces à tan ; V, Ecorces de chêne.		
Ecorce de tilleul pour cordages...............	B	
Ecritoires simples ; à Mercerie.		
Ecume de verre ; V. au mot *Anatrum*.		
Ederdon ou Edredon , ou duvet de l'Eider (*loi du* 30 *avril* 1806); la livre.................	6	
Effets à l'usage des voyageurs (*décisions des* 4 *août* 1792 *et* 4 *fructidor an* 5.)...........	B	
Ellebore noir ou blanc (racine d')..........D	4	8
Email brut et blanc.......................	12	24
Email ouvré.............................	91	80
Email en poudre (*circulaire du* 23 *pluviose an* 13); comme Azur en poudre.		
Emeril en poudre et en grains...............	1	2
Emporte-pièces ; à Quincaillerie.		
Encens (*loi du* 30 *avril* 1806)..............D	20	
Ce qui comprend l'encens commun ou galipot. (*Lettre du* 7 *octobre* 1806.)		
Enclumes ; à Quincaillerie.		
Encre de la Chine.......................D	81	60
Encre à écrire...........................	24	48
Encre à imprimer , et en taille-douce.........	12	24
Engrais de toute sorte pour les terres...........	B	

fr. c.

Enula campana ; V. Aulnée.

Eperons communs ; à Mercerie.

Epingles blanches........................... 61 20

Epingles jaunes (*lettre du* 1ᵉʳ *décembre* 1809);
  le même droit.

Epithimes ou Cuscutes....................D 4 8

Epiceries non dénommées ; à la valeur.......... 10 p. ²⁄₃

Eponges communes(*loi du* 30 *avril* 1806)....... 60
  Sont réputées telles , celles dont la valeur du
    quintal n'excède pas 300 fr. (*loi du* 1ᵉʳ *août*
    1792).

Eponges fines (*loi du* 30 *avril*)............... 200

Eponges servant à la fabrication de l'amadou..... B

Escajolles................................. 51

Escavisson ; V. Ecorce.

Espèces monnayées d'or ou d'argent ; V. or et
  argent.

Esprit ou essence de bergamottes et de citrons ;
  la livre net.........................D 1 53

Esprit de cerf ; V. Cerf.

Esprit ou essence de gérofle ; la livre net.....D 4 8

Esprit de nitre (Eau – forte ; *acide nitrique* ,
  NN)...............................D 20 40

Esprit de sel (acide marin ; *acide muriatique*,
  NN).............................D 30 60

Esprit de soufre (*loi du* 1ᵉʳ *août* 1792); comme
  Esprit de nitre.

Esprit ou essence de térébenthine..........D 6 12

Esprit-de-vin (*Alkool* , NN), (*loi du* 9 *floréal*
  an 7); le litre........................... 45

Esprit de vitriol ; V. Aigre.

Esquine ; V. Squine.

Essaye....................................D 1 2

Essence ou quintessence d'anis ; au net........D 204

Essence de canelle ; la livre net............D 146 88

Essence de romarin et autres semblables ; au
  net...............................D 81 60

Essence de rose ou Rhodium ; la livre net....D 48 96
  Il ne faut pas confondre l'Huile essentielle de
    Rhodium avec celle de Rose ; V. *Huiles.*

Estampes de toutes sortes ; à la valeur......... 15 p. ⁰⁄₀

Esule , racine médicinale...................D 1 2

Etain non ouvré........................... 4 8

Etain usé ou brisé , propre à la refonte....... 4 8

Etain en cuillers et fourchettes, et autres menus
  ouvrages ; à Mercerie.

Etain en feuilles ou battu.................. 51

d

                                                                    fr. c.

Etain ouvré d'autre sorte (*loi du 10 brumaire
 an 5*); prohibé.
Etain de glace ; V. Bismuth.
Etaux communs et grossiers ; à Quincaillerie.
Etaux et tours d'horlogers (*décision du 22 nivose
 an 7*) ; comme omis au tarif, à la valeur... 10 p. $\frac{2}{3}$
Etoffes d'écorces d'arbre ; prohibées.
Etoffes de laine, de coton et de poil, ou mélangées de ces matières, (*loi du 10 brumaire*) ;
 prohibées.
  Nota. Il faut excepter de cette prohibition les
   étoffes de laine des fabriques du royaume
   d'Italie ; V. Draps.
Etoffes avec or ou argent faux ; prohibées.
Etoffes de soie, la livre net ; savoir :
   unies de toutes sortes............ 15 30
   brochées, sans or ni argent........ 18 36
   brochées, avec or et argent fin..... 50 60
   mêlées d'autres matières (non prohi-
    bées), sans or ni argent........ 12 24
   mêlées avec or et argent fin....... 16 32
   de filoselle ou fleuret............ 6 12
   de filoselle ou fleuret, avec or et
    argent fin................... 9 18
Etoupes de chanvre et de lin.............. B
Etriers (*loi du 1er août 1792*) ; comme Mercerie commune.
Etrilles (*même loi*) ; comme grosse Quincaillerie
 en fer.
Euphorbe...........................D 6 12
Euphraise...........................D 4 8
Eventails communs ; à Mercerie.
Eventails fins, c'est-à-dire, d'une valeur excédant
 1 fr. 50 c. la pièce (*loi du 1er août 1792*) ;
 comme Mercerie fine.

F.

Fabago (racine de)...................D 3 6
Faïence et poterie de grès................ 24 48
 Celle connue sous la dénomination de terre de
  pipe ou grès d'Angleterre (*loi du 10 brumaire
  an 5*) ; prohibée.
Faisse ou lie d'huile (*lettre du 22 mai 1809*) ;
 comme Huile commune.

Farines, excepté celles ci-après (*décision du 7 frimaire an 8*)........................ B

Farine d'avoine; V Avoine.

Farine de châtaignes (*lettre du 19 juin 1807*); comme Châtaignes.

Faux, faucilles; à Quincaillerie.

Fausse angélique; V. Appios.

Fausse rhubarbe; V. Rapontic.

Faux gens-eng; V. Ecorce de Mandragore.

Fenouil (graine ou semence de)............D 6 12

Fenugrec...........................D 51

Fer blanc (*décret du 11 juillet 1810*)......... 50

Fers noirs en feuilles et en tôle (*loi du 30 avril 1806*)........................... 10

Fer blanc, fer noir et fer en tôle ouvrés (*loi du 10 brumaire*); prohibés.

Fers en barre (*loi du 30 avril*)............. 4

Fers en gueuse........................ B

Fers en verges, feuillards, carillons, rondins et autres qui ont reçu une première main-d'œuvre, (*loi du 30 avril*)..................... 6

Fers et aciers en lames et en barres, venant des provinces illyriennes, n'acquittent à leur entrée par Verceil ou Casatisme, que la moitié des droits du tarif. *(Décret du 27 novembre 1810, art. 14)*.

Fers ouvrés de toutes sortes, comme fers en taillanderie, ressorts de voitures, serrures et autres ouvrages de serrurerie (*loi du 10 brumaire*); prohibés.

Fers en fonte, en plaques de cheminées, et autres ouvrages (*même loi.*); prohibés.

Fer carburé; V. Mine de plomb.

Ferraille et vieux fer...................... B

Ferret d'Espagne....................... 51

Fèves de Saint-Ignace...................D 14 28

Feuilles d'alkécange, de bétel, de dictame, de fustet; V. ces mots.

Feuilles de gérofle; à Folium gariophilatum.

Feuilles de houx....................... B

Feuilles de laurier (*lettre du 8 septembre 1806.*); comme omises., à la valeur.............. 3 p. %

Feuilles de lierre, de marum; V. ces mots.

Feuilles de myrte, et autres propres à la teinture et aux tanneries........................ B

Feuilles de noyer....................... R

Feuilles de presle, de redoul, de rhuc, de viorne; V. Presle, etc.

	fr.	c.
Fiasques, bouteilles de verre empaillées ; V. Verrerie.		
Ficelle ; V. Cordages de chanvre.		
Fil de fer ou acier.........................	12	24
Celui employé à la fabrication des aiguilles, dans les départemens de la Meuse-Inférieure et de la Roër, ne doit que le droit de balance, à la charge d'entrer par la douane de Cologne. (*lois des 22 ventose an 12 et 1er pluviose an 13.*)		
Fil de cuivre de six lignes de diamètre et au-dessous.	40	80
Fil de lin et de chanvre simple (*loi du 30 avril 1806).*	10	
Fil d'étoupes................................		51
Fil de lin et de chanvre retors...............	61	20
Fil de lin et de chanvre teint...............	122	40
Fil à voiles................................	6	12
Fils de lin et de chanvre, des fabriques du royaume d'Italie (*traité du 20 juin 1808*); la moitié des droits du tarif.		
Fil de linon...............................	B	
Fil de mulquinerie.........................	B	
Fil de ploc, ou poil de cheval...............	4	8
Filasse ; V. Chanvre.		
Fioles de verre, pleines ; V. Verres.		
Fléaux de balance (*décision du 18 ventose an 10*); prohibés.		
Fleurets (*lettre du 30 juillet 1806*); comme Armes blanches.		
Fleurs artificielles de toutes sortes...........	122	40
Fleurs de camomille, de guimauve, de lavande sèche, de muguet, de pavot rouge ou coquelicot; V. ces mots.		
Fleurs de pêcher..........................D	7	14
Fleurs de pivoine ; V. Pivoine.		
Fleurs de romarin.........................D	7	14
Fleur de soufre (*soufre sublimé*, NN)......D	6	12
Fleurs de violette.........................D	7	14
Flin......................................	1	2
Foin et herbes de pâturages.................	B	
Folium gariophilatum ou feuilles de gérofle....D	20	40
Folium indicum ou indum..................D	5	10
Fonte verte ; V. Polozum.		
Forces à tondre les draps...................	10	20
Fouets ; à Mercerie.		
Fourchettes d'étain ; à Mercerie.		

fr. c.

Fourchettes de fer (*loi du* 1er *août* 1792) ; comme
  Mercerie commune.

Fournimens à poudre ; à Mercerie.

Fournitures d'horlogerie ; à Horlogerie.

Fourreaux d'épée ; à Mercerie.

Fourreaux de pistolets (*loi du* 1er *août* 1792);
  comme Harnais.

Fourrure ; V. Pelleterie ouvrée.

Franges ; V. Passementerie.

Fromages (*loi du* 7 *septembre* 1807)......... 6

Fromages provenant des fabrications du royaume
  d'Italie , (*traité du* 20 *juin*)............... 5

Fruits (*loi du* 30 *avril* 1806), savoir :
  Bigarades, cédrats, citrons, limons, oranges,
    chadecs............................... 10
      L'on doit y comprendre les oranges sèches et
        amères qu'on emploie à la fabrication du
        genièvre , (*lettre du* 7 *mai* 1806).
  Câpres................................... 30
  Pistaches non cassées..................... 48
  Pistaches cassées......................... 72
  Olives et picholines...................... 18
  Prunes, pruneaux, raisins et autres fruits secs. 8
    Cette classe comprend les dattes , les raisins
      de Corinthe et de Damas (*lettre du* 12 *ther-*
      midor an 13).
    Mais les raisins secs du crû du royaume d'Ita-
      lie , ne doivent que moitié (*traité du* 20 *juin*
      1808),
  Tous les autres fruits non dénommés au tarif.. 4
    Ce qui s'applique aux châtaignes , marrons ,
      noix , avelines ou noisettes (*lettres des* 19
      et 28 *décembre* 1806 *et* 21 *mai* 1808) ;
    Aux fruits cruds que le tarif de 1791 avait tirés
      à *néant* (*circul. du* 23 *pluviose an* 13).

Fruits à l'eau-de-vie...................... 48 96

Fruits artificiels en terre fine cuite (*lettre du* 22
  messidor an 8); comme omis, à la valeur... 10 p. $\frac{2}{0}$

Fumiers................................... B

Fuseaux ; à Mercerie.

Fustet (feuilles et branches de)............. B

Futailles vides ou en bottes................ B

G.

GAINES ; à Mercerie.
Galbanum.................................D 8 1G
Galipot ; V. Encens.
Galle ; V. Noix de.
Galles légères (*loi du* 1er *août* 1792)........ B
Galles légères concassées (*lettre du* 8 *septembre*
   1806)................................ B
Galles légères pulvérisées (*lettre du* 5 *mai* 1808);
   comme omises, à la valeur,   10 p. ⅔
Gallengal mineur et majeur................D 4 8
Gallium blanc et jaune..................D 1 2
Galons et ganses ; V. Passementerie.
Galons vieux pour brûler................. B
Gants et autres ouvrages de ganterie en peau et
   cuir, doublés ou non, (*loi du* 10 *brumaire an* 5);
   prohibés.
Gants de fil, de laine, de soie ou autres matières
   (*même loi*); prohibés comme Bonneterie.
Garance moulue (1) (*loi du* 3o *avril* 1806).....D 15
Garance sèche, ou alizari (*même loi*).......D 6
Garance verte (*même loi*) ....D 2
Garou (racine de); V. Thymelée.
Garouille............................... B
Gaude.................................. B
Gazes anglaises (*loi du* 10 *brumaire*); prohibées.
Gazes et marly de soie; la livre net......... 3o 6o
Gazes de soie des fabriques du royaume d'Italie
   (*traité du* 20 *juin* 1808); *idem*........... 15 5o
Gazes de soie et de fil ; la livre net......... 16 32
Gazes d'or et d'argent, ou mêlées d'or et d'argent;
   la livre net............................. 61 20
Gaze ou Tricot de Berlin (*décret du* 10 *mars*
   1809); prohibé.
Gazettes et journaux (2).................. B
Genestrole.............................. B
Génisses ; à Bestiaux.
Gens-eng ; au net......................D 91 8o
Gentianne............................D 1 53
Gérofle (bois de); V. Bois de Crable.

(1) Voyez le Dictionnaire ; articles *Garance*, *Racine d'alizari* et *Ronas.*
(2) Voyez l'article *Librairie.*

fr. c.

Girofle (clous de) *(décret du 5 août 1810)*; le
   quintal net............................... 600
Gibecières ; à Mercerie.
Gibier de toutes sortes..................... B
Gingembre (*décret du 12 septembre 1810*)...... 30
Glaces et miroirs au-dessus de 3 décimètres , 25
   millimètres ; à la valeur.................. 15 p. $\frac{c}{o}$
Glaces de 3 décim. ,25 millim. , et au-dessous... 50 60
   Ce qui comprend les miroirs de toilette, de poche,
     etc. , montés en bois ou en carton. (*Lettre du*
     1er mars 1809.)
Glands de chêne (*lettre du 13 germinal an 9*);
   comme Avelanède.
Glayeul ou Iris du pays....................D 10 20
Glu...................................D   7 14

Gommes et Résines.

1° *A l'usage des teintures , fabriques et manufactures.*

Gomme adragante ; comme gomme arabique.
   Elle sert pour les apprêts des étoffes de soie ,
     pour celui des dentelles de fil , et en phar-
     macie.
Gomme arabique (*décret du 12 septembre 1810*). 75
Gomme de Bassora ; comme gomme arabique.
   Si elle est moins nette et plus commune , elle
     sert aux mêmes usages , et la différence de
     sa valeur est très-peu sensible.
Gommes de cerisier, abricotier, pêcher , prunier ,
   olivier, et autres communes pour la chapellerie. B
Gomme copal (*décret du 12 septembre*)...... 200
Gomme lacque en feuille (*même décret*)....... 200
Gommes lacque en grains et sur bois , mastic et
   sandarac pour les vernis.................D 12 24
Gomme de Sénégal (*décret du 12 septembre.*)... 75
Gomme turique (*même décret*).............. 75

2° *A l'usage de la médecine et des parfumeurs.*

Gommes d'acajou, de cyprès , animée, de lierre ,
   hèdre et sarcolle........................D 10 20
Gomme ammoniaque (*décret du 12 septembre*
   1810); au net........................... 200
Gomme de cèdre.........................D 20 40

	fr.	c.
Gomme résine élastique.	200	
Gomme élemi de toute sorte. .	500	
Gomme de gayac. (*Décret du*	75	
Gomme gutte ou de cambogium. 12 *septembre*);	600	
Gomme oppoponax. au net.	400	
Gomme sagapenum , seraphi-		
num ou séraphique.	200	

Gomme taccamaca. . . . . .D   12   24
Goudron , gaudron ou goustran , le baril de 120
   à 150 liv.   75
Gourre ou tamarin confit avec le sucre. . . . . . .D   30   60
Grabeau ou Pousse , résidu des drogues lorsqu'on
   en a séparé le meilleur ; comme les drogues dont
   il est le résidu.
Graines d'agnus castus , allière , angélique , anis ,
   apocin , argentine , cartami , carvi , cévadille ,
   coriandre , coton , daucus , d'écarlatte , de fe-
   nouil , et gremil ; V. Agnus castus , etc.
Graine d'Avignon ; à graine jaune.
Graines d'esparcette , de foin , sainfoin , luzerne ,
   trèfle , et autres propres à semer dans les prairies.   B.
Graine de genièvre. . . . .   B
Graines de jardin , de toutes sortes. . . . .   B
Graine jaune ou d'Avignon. . . . .   B
Graines de lin , navette , rabette , colza , et autres
   propres à faire huile.   71
Graine de mil ou millet ; V. Alpiste.
Graine de moutarde (*lettre du 4 prairial an* 12) ;
   comme Sennevé.
Graine de myrtille. . . . .   B
Graines de nigelle , d'orobe ; V. ces mots.
Graine de paradis , ou maniquette (*lettre du 4 juin*
   1807); comme droguerie omise , à la valeur. .   20 p. ⅜
Graine de puce (*lettre du* 13 *fructidor an* 6);
   comme Droguerie omise.
Graine de sapin (*lettre du* 9 *janvier* 1810). . . . .   B
Graine thurique, C'est la Gomme turique ; Voyez
   Gomme.
Graine de vers à soie.   B
Grains (le riz excepté) *(loi du* 24 *nivose an 5)*. .   néant.
   Le droit de la balance du commerce est dû
     sur tous les grains provenant du royaume
     d'Italie. (*Circulaire du* 30 *octobre* 1810.)
Grains de verre , excepté ceux ci-après ; à Mer-
   cerie.
Grains de verre des fabriques du royaume d'Italie
   (*traité du* 20 *juin* 1808).   20

fr. c.

Gravelle.. B
Grelots ; à Mercerie.
Grémil ou herbes aux perles (graine ou semence
   de)...................................D   1   55
Grenadier (écorce de)......................... B
Groisil ou verre cassé......................... B
Groison....................................... 2   55
Gruau d'avoine ; V. Avoine.
Gruau de blé noir (*lettre du* 29 *frimaire an* 8).. B
Guedasses ; V. Potasses.
Guelde ; V. Pastel.
Guimauve (fleurs et racine de)...........D   2   55
Guimauve (suc de)......................D   12   24
Guy de chêne..............................D   18   36
Gyp , espèce de gros talc (Gypse ; *sulfate de*
   chaux , NN).............................   5   6

H.

Habillemens neufs à l'usage des hommes et des
   femmes , et ornemens d'église ; à la valeur....   15 p. ⅔
     S'ils étaient en laine , coton et poil ; prohibés
     comme les étoffes.
Habillemens vieux.............................   51
Habillemens à l'usage des voyageurs, et ayant servi ,
   quoiqu'ils n'accompagnent pas les voyageurs ,
   dès qu'ils sont dans une même malle avec d'au-
   tres effets , et qu'ils n'excèdent pas le nombre
   de six , sont absolument exempts. (*Loi du* 1er.
   août 1792, *et décision du* 27 *nivose an* 8.)
Hameçons ; à Mercerie.
Hardeau ; V. Viorne.
Harnais de chevaux , excepté ceux ci-après ; à la
   valeur......................................   15 p. ⅔
Harnais en cuir, et tous autres objets de sellerie
   (*loi du* 10 *brumaire an* 5); prohibés.
Havresacs en cuir (*même loi*) ; prohibés comme
   Cuir ouvré.
Héliotrope.................................... B
Hématite (pierre)............................   1   2
Herbages frais ; V. Légumes verds.
Herbe jaune................................... B
Herbe de maroquin............................ B
Herbes médicinales non dénommées.........D   3   6

fr. c.

Herbes de pâturage; V. Foin.
Herbes aux perles; V. Grémil.
Herbes propres à la teinture, non dénommées dans
le tarif...................................... B
Herbe aux vers; V. Tanesie.
Herbes vulnéraires; V. Vulnéraires.
Hermodate..............................D 4 8
Histoire naturelle............................ B
Les morceaux destinés pour le Muséum sont absolument exempts. (*Décision du* 12 *messidor
an* 6.)
Horlogerie (ouvrages d') (*loi du* 10 *brumaire an*
5); prohibés.
Mais les fournitures consistant en pivots, ressorts, spiraux et autres pièces du dedans
des montres, lesquelles réunies ne peuvent
former des mouvemens complets, sont ad-
missibles en payant, conformément au *dé-
cret du* 7 *messidor an* 3, 10 pour $\frac{2}{9}$ de la valeur. (*Décision du* 8 *germinal an* 9.)
Horloges de bois (*décret du* 7 *messidor an* 3);
à la valeur............................... 10 p. $\frac{2}{9}$
Horloges à sable; V. Mercerie.
Houatte, Houette de coton (ouatte) (*décret du* 18
septembre 1810); par kilogramme net....... 8
Houatte de soie............................ 61 20
Houblon.................................... B
Houille ou Charbon de terre, par la Hollande
(*décret du* 6 *janvier* 1811); prohibée.
Houpes à cheveux, de duvet; à Mercerie.
Housses de chevaux (*loi du* 1er *août* 1792); comme
Harnais.
Howes, bisquains ou housses de chevaux, en peaux
d'agneaux, de brebis ou moutons, passées en
mégie avec la laine (*loi du* 10 *brumaire*);
prohibés.

Huiles (1).

1° *A l'usage de la médecine et des parfumeurs.*

Huile d'ambre; au net..................D 102
d'ambre jaune, carabé ou succin; au net.D 51
d'anis ou de fenouil; au net..........D 204

(1) Voyez le Dictionnaire des Productions de la nature et de l'art, etc.

                                        fr.   c.

Huile d'asphaltum.......................D   36   72
        d'aspic.............................D   15   30
        de cacao, ou beurre de cacao ; au net..D   45   90
        de cade, de cédria et d'oxicèdre.......D   4   8
        de cannelle; au net....................D   408
        de carabé ; V. Huile d'ambre jaune.
        de cerf; V. Cerf.
        de citron ou d'orange ; au net.........D   51
        de fenouil ; V. Huile d'anis.
        de gayac ; au net......................D   51
        de genièvre ou sandarac...............D   50   60
        de gérofle ; au net...................D   408
        de gland..............................D   15   30
        de jasmin et autres fleurs ; au net....D   51
        de lavande ....D   30   60
        de laurier ....D   20   40
        de macis ; au net....................D   408
        de marjolaine.........................D   36   72
        de muscade; au net...................D   306
        d'oliette.............................D   8   16
        d'orange ; V. Huile de citron.
        d'oxicèdre ; V. Huile de cade.
        de palma-christi ....D   18   36
        de palme..............................D   10   20
        de pavot blanc ....D   8   16
        de pétrole............................D   12   24
        de pignons............................D   18   36

Huile ou essence de Rhodes ou Rhodium. Quoique
        cette Huile essentielle et celle de roses
        soient deux essences différentes, cepen-
        dant le *tarif du 15 mars 1791* les ayant
        comprises dans le même article, elles
        sont passibles du même droit. (*Lettre du*
        16 *octobre* 1810.)

Huile de roses. Cette substance est portée au *ta-*
        rif du 15 mars 1791, sous deux déno-
        minations ; 1° comme *huile*, imposée
        seulement à 51 c. le kilogr., 2° comme
        essence, soumise à 48 fr. 96 c. aussi par
        kilogramme : mais étant reconnu que
        l'huile et l'essence volatile de roses ne
        sont qu'une même chose et d'un prix
        très-élevé, il n'y a pas de doute que la
        quotité du droit de 48 fr. 96 c. par kilog.,
        (plus le doublement) est applicable tant

fr. c.

à l'huile qu'à l'essence de roses. (*Lettre du 1er juin 1810.*)

Huile de sandarac ; V. Huile de genièvre.

de sassafras ....D 30 60

de sauge. ....D 36 72

de soufre. ....D 36 72

de succin ; V. Huile d'ambre jaune.

de tartre................................D 22 44

2° Huiles comestibles, ou pour les fabriques.

Huile d'olive fine (*loi du 30 avril 1806*)....... 20

d'olive commune, et seulement propre aux fabriques (*Même loi*).............. 12

d'olive du crû du royaume d'Italie (*traité du 20 juin 1808*); la moitié des droits du tarif.

de cheval 9 18

de foie , de Berge (*lettre du 29 novembre 1810*); comme Huile de poisson.

Cette huile qui se fait , dans le nord, avec des foies de poissons , ne diffère point de l'huile de poisson : elles servent l'une et l'autre aux mêmes usages , et sont du même prix ; seulement l'huile de Berge est ordinairement dans des tonneaux de 60 à 120 kilogrammes , tandis que celle de poisson provenant de la graisse et du lard de la baleine , se met dans des tonneaux de 240 kil. environ.

Huile de graines............................. 9 18

de noix.................................. 9 18

de poisson (*décret du 12 septembre 1810*).. 25

de vitriol ; V. Aigre.

Huîtres fraiches.............le mille en nombre 5

Huîtres marinées. 12 24

Hyacinthe................................D 16 32

Hypocistis................................D 6 12

I.

JALAP (*loi du 30 avril 1806*); au net........D 50

Jarretières ; V. Passementerie.

Jays ou Jayet brut (*loi du 11 mai 1792*)...... B

	fr.	c.
Jays ou Jayet travaillé (*même loi*)............	20	40
Jetons de nacre, d'os et d'ivoire ; à Mercerie.		
Jetons en cuivre doré (*loi du* 10 *brumaire*); prohibés.		
Impératoire.........................D	3	6
Inde-plate (*lettre du* 14 *septembre* 1808); comme Droguerie omise, à la valeur............	20 p. ⁰/₀	
Indigo (*décret du* 5 *août* 1810)..............	900	
Instrumens aratoires ; V. Quincaillerie.		
Instrumens d'astronomie, de chirurgie, de mathématiques, navigation, optique et physique ; à la valeur...............................	10 p. ⁰/₀	
Instrumens de musique, la pièce :		
Fifres, flageolets, galoubets...............		63
Flûtes et poches.......................		75
Cistres, mandolines, psaltériums, tambours, tambourins et tympanons..............	1	50
Alto, violes, violons, bassons, cors de chasse, guitares, serinettes, serpens et trompettes..	3	
Clarinettes et haut-bois..	4	
Vielles simples.......................	5	
Basses et contrebasses..................	7	50
Epinettes, orgues portatives et vielles organisées.	18	
Forte-piano et harpes...................	36	
Clavecins	48	
Orgues d'église ; à la valeur..............	12 p. ⁰/₀	
Instrumens de musique non dénommés ; à la valeur.	12 p. ⁰/₀	
Joaillerie ; comme Or en ouvrages d'orfévrerie, ou comme Argent ouvré, suivant la matière dont elle est composée.		
Joncs pour cannes (*loi du* 30 *avril* 1806.)...D	100	
Joncs montés autrement qu'en cuivre ou acier (*lettre du* 17 *juillet* 1807); à la valeur.....	15 p.⁰/₀	
Joncs montés en cuivre ou en acier (*même lettre*); prohibés.		
Joncs de marais (*lettre du* 10 *messidor an* 10); à la valeur.................................	3 p. ½	
Journaux ; V. Gazettes.		
Ipécacuanha (*décret du* 12 *septembre* 1810) ; la livre net...........................	12	
Iris (*loi du* 30 *avril* 1806)...............D	50	
Iris du pays ; V. Glayeul.		
Juncus odoratus......................D	18	36
Jus de limon et de citron.................	B	
Jus de réglisse (*loi du* 30 *avril* 1806)......D	24	
Ivoire ; V. Dents d'éléphant.		

fr. c.

K.

KAMINE mâle, ou Beurre de pierre........... 6 12
Karabé; V. Carabé.
Kermès ou graine d'écarlatte; V. Alkerme.
Kirschwaser (*loi du* 3o *avril* 1806); le litre.... 1

L.

LABDANUM naturel et non apprêté..........D 12 24
Labdanum liquide et purifié; au net........D 45 90
Lacets de fil (*loi du* 1er *août* 1792); comme Rubans de fil.
    Les autres font partie de la passementerie. (*Circulaire du* 22 *messidor an* 8.)
Laines non filées............................ B
Laines non filées teintes (*loi du* 1er *août* 1792). 73 44
Laines filées (*loi du* 10 *brumaire an* 5) ; prohibées.
Laine (bourre de)......................... B
Laiton ou cuivre jaune en lingots ou mitraille (*loi du* 1er *août* 1792); comme cuivre rouge brut.
Laiton ou cuivre jaune battu et laminé en planches de toutes dimensions , gratté , noir et décapé... 3o 6o
Laiton ou cuivre jaune ouvré (*loi du* 10 *brumaire*); prohibé.
Laiton filé noir (*décret du* 4 *décembre* 1809)... 24
Langues , noos ou noves et tripes de morue , (*décret du* 12 *septembre* 1810)................. 10
Lanternes communes ; à Mercerie.
Lapis entalis..............................D 4 8
Lapis lazuli ; V. Azur de roche fin.
Laque colombine sèche.....................D 5 10
Laque liquide.............................D 51
Laque plate de Venise.....................D 5 10
Lard frais................................ B
Lard salé (*loi du* 19 *mai* 1793)............. B
Lavande sèches (fleurs de)...............D 6 12
Légumes secs de toute sorte................. 51
Légumes verds et herbages frais............ B
Levain de bierre (*décision du* 8 *germinal an* 10.); comme omis au tarif, à la valeur........... 3 p. ⅜
Librairie en langue française (1)............. 12 24

---

(1) Pour le droit spécial dû d'après les décrets des 5 *février et* 14

Librairie en langues étrangères.............. B

Librairie en langues savantes (*loi du* 1ᵉʳ *août* 1792)..................................... B

Lichen.. B

Lie d'huile; V. Faisse.

Lie d'huile de poisson (*lettre du* 12 *germinal an* 13); comme Huile de poisson.

Lie de vin.................................... B

Liége en table ou en planche (*loi du* 30 *avril* 1806).. 6

Liége ouvré; comme Bouchons de liége.

Lierre (feuilles de)........................ B

Lignes; à Mercerie.

Limaille d'acier et d'aiguilles................ 3   6

Limaille de cuivre............................ B

Limaille de fer............................... 2   4

Limes; V. Quincaillerie.

Limes vieilles ou cassées, mais pouvant encore être remises en état de servir (*lettre du* 1ᵉʳ *juin* 1808); comme Acier non ouvré.................... 9

Limons; V. Fruits.

Limons (jus de); V. Jus.

Lins cruds, tayés ou apprêtés................. B

Lin cotonisé, vulgairement *coton de lin* (1). Il présente une grande analogie avec le coton proprement dit, et son admission donnerait lieu à beaucoup d'abus: on doit, en conséquence, refuser l'entrée de celui qui viendrait de l'étranger. (*Lettre de M. le directeur général,* *du* 27 *décembre* 1810.)

Linge en pièce, damassé ou autrement ouvré, de chanvre et de lin seulement (*loi du* 3 *frimaire* *an* 5)..................................... 61   20

Linge confectionné en nappes, serviettes, chemises etc., également de chanvre et de lin seulement (*circulaire du* 5 *frimaire an* 5)............ 153

Linge de lit et de table supporté, à l'usage des

---

décembre 1810, voyez l'article *Librairie*; voyez également l'article *royaume d'Italie*, pour l'importation réciproque entre cet état et la France.

(1) Le lin cotonisé n'est autre chose que de la bourre de chanvre ou de lin, macérée dans l'eau de chaux, triturée, passée en lessive et blanchie par l'acide muriatique oxigéné. Comme ces diverses opérations doivent être répétées plusieurs fois, il s'ensuit que cette substance exige beaucoup de main-d'œuvre; on n'en a retiré jusqu'à présent aucun avantage bien réel.

fr.   c.

voyageurs (*décision du 2 fructidor an 5*) ; comme
omis au tarif , à la valeur................   10 p. &

Les caleçons et chemises , dans une quantité
relative au nombre des habits dont l'entrée est
permise , ne doivent que le droit de balance.
(*Même décision.*)

Linge dans lequel il entre du coton (*loi du 30
avril* 1806) ; prohibé.

Linges vieux ou drilles......................   B

Lingots d'or et d'argent ; V. Or et Argent.

Linon et batiste ; la livre....................   12   24

Liqueurs et ratafias de toute sorte (*loi du 8 floréal
an* 11) ; le litre (1)......................   1   50

Listonnerie ; V. Passementerie.

Litharge naturelle et artificielle............D   2   4

Livres avec gravures ou estampes (*loi du 1er août*
1792) :

Comme *estampes*, lorsqu'elles constituent essentiellement le prix d'un livre dont le texte ne
sert qu'à les expliquer ;

Comme *livres* , si les estampes et cartes géo-
graphiques ne sont qu'un accessoire d'un prix
modique.

Livres reliés (*même loi*) ; comme Librairie.

Loup (dents de)   1   53

Lys de vallée ; V. Muguet.

M.

Macis. (*loi du 30 avril* 1806) ; la livre net...D   10

Mâchefer................................   B

Madriers ; à Bois.

Magalaise ou Manganèse................   B

Magnésie (*loi du 1er août* 1792) ; comme Sel
volatil.

Malherbe , herbe pour la teinture...........   B

Malicorium ; V. Écorce de grenade.

Malles (comme Coffres) ; à Mercerie.

Manchons ; V. Pelleterie.

Manganèse ; V. Magalaise.

Manicordium ; à Mercerie.

Maniquette ; V. Graine de paradis.

_____

(1) Voyez l'observation concernant les denrées coloniales.

fr. c.

Manne (*loi du 30 avril 1806*)................D 40

Marbre brut (1) (*même loi*) ; le décimètre cube. 6

Marbre ouvré (*même loi*); le décimètre cube... 12
Ce droit est applicable au Marbre scié en carreaux prêts à être mis en place. (*Lettre du 9 août 1809.*)

Marc d'olives ; V. Amurca.

Marcassites d'or , d'argent , de cuivre......... 16 52

Marcassites (ouvrages à); V. Ouvrages.

Marly de fil (*décision du ministre de l'intérieur , du 27 avril 1808*); comme omis au tarif , à la valeur.............................. 10 p. $\frac{0}{0}$

Marly de soie ; V. Gazes de soie.

Marqueterie (ouvrages de); à la valeur....... 15 p. $\frac{0}{0}$

Marrons ; à Fruits.

Marum (feuilles de)......................D 4 8

Masques pour bal ; à Mercerie.

Massicot................................D 18 36

Matelas ; doivent acquitter comme le coton, s'ils en sont composés , et 10 pour 100 de la valeur s'ils sont de laine. (*Lettre du 9 janvier 1810.*)

Mâts pour vaisseaux........................ B

Maurelle ; V. Tournesol.

Mêches soufrées , soufre en mêches et mêches de soufre(*lettre du 22 messidor an 8*) ; à la valeur. 10 p. $\frac{0}{0}$

Mechoacham ou Rhubarbe blanche..........D 5 10

Médailles d'or et d'argent.................... B

Médailles de cuivre (*loi du 10 brumaire an 5*); prohibées.

La prohibition n'affecte point les médailles antiques ou celles frappées relativement à des événemens survenus dans les pays étrangers, et qui seraient de différentes formes et en faible nombre pour chaque espèce. (*Circulaire du 26 juin 1806.*)

Médicamens composés ; prohibés.

Mélasse (*loi du 8 floréal an 11*); prohibée.

Mercerie commune (2) *(loi du 30 avril 1806)*... 60

---

(1) Le marbre brut est dans l'état où il sort de la carrière, taillé en bloc ou scié en planche, sans être poli ni autrement travaillé. Celui qui a reçu une forme différente , quoique imparfaite et non finie, est dans la classe du marbre ouvré. (*Lettre du 22 décembre 1806.*)

(2) En revisant le tarif, on appercevra sans doute que les dez à

f

Elle se compose des objets ci-après :

Aiguilles de toutes sortes ; ambre jaune travaillé.

Battefeux et briquets limés ; boîtes de sapin peintes ; boîtes ferrées ; bois de miroirs non enrichis ; bougettes ; bourses de cuir, de fil et de laine ; boutons de manches d'étain et autres métaux communs ; brosserie.

Cadrans d'horloge et de montre ; chapelets de bois et de rocaille ; coffres non garnis ; colliers de perles et de pierres fausses ; compas ; cornets à jouer, de corne ou de cuir.

Dez à coudre, en corne, cuivre, fer, os et ivoire ; dez à jouer ; dominoterie.

Écritoires simples ; éperons communs ; éventails communs.

Feuilles d'éventails ; fouets ; fourreaux d'épées ; fournimens à poudre ; fuseaux.

Gaînes ; gibecières ; grains de verre de toute sorte (à l'exception de ceux des fabriques du royaume d'Italie) ; grelots.

Hameçons ; horloges à sable ; houpes à cheveux, de duvet.

Jetons de nacre, d'os et d'ivoire.

Lanternes communes ; lignes de pêcheurs.

Manicordium ; masques pour bal ; moulins à café et à poivre.

Ouvrages de buis ; ouvrages en cuivre et fer, tels que chandeliers, flambeaux, mouchettes, tire-bouchons, et autres de même espèce (1) ; ouvrages menus d'étain, comme cuillers, fourchettes.

Peignes de buis, de corne et d'os ; perles fausses ; pipes à fumer.

Ramonettes ; raquettes.

Sifflets d'os et d'ivoire ; soufflets.

Tambours, tamis.

Volans.

Merceries fines et autres non dénommées dans le présent tarif ; à la valeur . . . . 15 p. $\frac{0}{0}$

---

coudre, les jetons et sifflets d'ivoire, ainsi que les jetons de nacre, se trouvent moins imposés que l'ivoire et la nacre *bruts*.

(1) On peut ranger dans cette classe, les anneaux en cuivre, étain et fer, et autres petits ouvrages grossiers de cette espèce. (*Lettre du 8 septembre 1806.*)

	fr.	c.

Mercerie en soie, comme bourses à cheveux, mouches et mouchoirs de soie ; la livre net........ | 12 | 24

Mercure ; V. Argent vif.

Mercure précipité ....D | 3o | 6o

Mercure sulfuré rouge ; V. Cinabre.

Merluche ou Morue sèche (*circulaire du* 25 *germinal an* 12) ; comme Morue.

Merrain ; V. Bois.

Mesures ; V. Poids.

Métal de cloches...................... | 56 | 72
   Ce qui comprend les cloches cassées (*lettre du* 6 *décembre* 1808).

Métal de Manheim ; V. Tombac.

Métal non ouvré ; V. Bronze.

Métal de prince ; V. Tombac.

Métiers à faire bas et autres ouvrages ; à la valeur. | 15 p. $\frac{0}{0}$ |

Meubles de toutes sortes ; à la valeur........... | 15 p. $\frac{0}{0}$ |

Meules de moulin, la pièce :
   au-dessus d'un mètre 949 millimètres de diamètre........................... | 7 | 5o
   d'un mètre 949 mill. à 1 mèt. 297 mill....... | 5 |
   au-dessous de 1 mètr. 297 mill........... | 2 | 5o

Meules à taillandier (*loi du* 1er *août* 1792) ; la pièce :
   d'un mètre 218 millim. à 1 mètre 385 millim. de diamètre..... .... | 2 | 5o.
   d'un m. 079 mill. à 920 mil............. | 1 | 75
   de   907 mil. à 677 mil............. | 1 |
   de   663 mil. à 541 mil............. | | 4o
   de   528 mil. à 406 mil............. | | 20.
   de   385 mil. et au-dessous......... | | 1o.

Meum d'athamante...................D | 2 | 4

Mica ; V. Talc.

Miel............................D | 6 | 12

Millet ; V. Alpiste.

Mine de plomb noir (*carbure de fer ou fer carburé* ; NN)...................D | 1 | 53.

Mine de fer, brute et lavée............... | B |

Minium (*décret du* 16 *novembre* 1807 *et loi du* 12 *janvier* 1810)...................D | 6 |

Miroirs ; V. Glaces.

Mirrhe (gomme de)...................D | 8 | 16.

Mitraille de cuivre rouge.................. | B |

Mitraille de laiton ou cuivre jaune (*loi du* 1er *août* 1792) ; comme celle de cuivre rouge.

Mitraille de plomb ; V. Plomb.

Modes (ouvrages de) ; à la valeur........... | 12 p. $\frac{0}{0}$ |

fr. c.

Molybdène , dur ou tendre (*lettre du 10 septem-*
    bre 1808); comme omis au tarif , à la valeur   5 p. ⅔
Momies , corps embaumés,..............   B
Monnaies de cuivre et de billon de fabrique étran-
    gère (*décret du 11 mai* 1807) ; prohibées.
Monnaies de métal , sous quelque forme ou déno-
    mination que ce soit (*loi du 3 septembre* 1792);
    prohibées.
Montres (*loi du 10 brumaire*) ; prohibées.
Morilles et Mousserons ; espèces de champignons.   24 48
Morphil ; à dents d'éléphant.
Mortiers ; à Munitions.
Morues (*décret du 12 septembre* 1810)........   10
Mottes à brûler..................,.......   B
Mouchoirs dans lesquels il entre du coton (*loi du*
    30 avril 1806) ; prohibés.
Mouchoirs de pur fil teints ou imprimés; comme
    Toiles de pur fil peintes ou teintes.
Mouchoirs grossiers blancs rayés de rouge , et
    mouchoirs à carreaux (*lettre du 24 février* 1807);
    comme Toiles à matelas.
Mouchoirs de soie ; à Mercerie en soie.
Moules de boutons,.....................   6 12
Moulard ou terre cimolée ; V. Terre.
Moulins à café et à poivre; à Mercerie.
Mousses d'Islande et de roche (*lettre du ministre*
    de l'intérieur , du 31 janvier 1811); comme
    Lichens.......................,....   B
Mousse marine; V. Coraline.
Mousselines (*loi du 30 avril* 1806) ; prohibées.
Mousselinettes (*loi du 10 brumaire an 5*) ; prohi-
    bées.
Mousserons; à Morilles.
Moût ; V. Vendange.
Moutarde,............................   12 24
Moutons ; à Bestiaux.
Mouvemens de montre (*loi du 10 brumaire*); pro-
    hibés.
Muguet ou Lys de vallée, (fleurs de)......D   3 6
Mules et Mulets ; la pièce................   1
Munitions de guerre (1), à l'exception de la poudre
    à tirer , savoir :

_____

(1) La loi du 8 floréal an 11 a rétabli sur les armes de toute espèce
la perception des droits telle qu'elle était avant la loi du 22 août 1792.

	fr.	c.
Balles de fusils et pistolets.....................	9	18
Bombes, boulets de canons, grenades et mortiers.	5	6
Canons de fer..............................	3	6
Canons de fonte...........................	9	18
Canons de fusils...........................	48	96
Canons de pistolets........................	97	92

Muriate d'ammoniaque; V. Sel Ammoniac.

Muriates de mercure corrosif et doux; V. Sublimé.

Muriate de soude; V. Sel marin.

Muriate de soude fossile; V. Sel gemme.

Musc (loi du 30 avril); la livre net.........D   60

Muscade (décret du 5 août 1810); le quintal net.. 2000

Muscade sauvage (lettre du 5 mai 1809); comme
   droguerie omise, à la valeur............... 20 p. $\frac{2}{5}$

Musique gravée (loi du 1er août 1792); comme
   Estampes.

Myrobolans non confits...................D   7 14

Myrobolans confits......................D   30 60

N.

Nacre de perle (coquilles de), (décret du 12 septembre 1810)............................ 200

Nankinettes (loi du 10 brumaire an 5); prohibées.

Nankins d'Europe (loi du 1er pluviose an 13);
   prohibés.

Nankins des Indes (décret du 5 novembre 1810);
   prohibés.

Naphe ou Naphte......................... 3 6

Nard celtique; V. Spica celtica.

Nard indien; V. Spica Nardi.

Natrum; V. Anatrum.

Nattes de jonc............................ 8 16

Nattes de paille, de roseaux et autres plantes et
   écorces 2 4

     On ne doit pas ranger dans cette classe, les
     tissus d'écorce de bois destinés à des ouvrages
     délicats, tels que chapeaux de femmes (lettre
     du 18 prairial an 13); V. Ecorce.

Navires; V. Bâtimens de mer.

Nénuphar. ....D   1 53

Nerfs de bœufs et autres animaux............. B

Nerprun.................................. B

Nigelle romaine (graine de).............D   9 18

Nitrate de potasse; V. Salpêtre.

fr. c.

Nitrate de potasse raffiné; V. Sel de nitre.
Nitre; V. Salpêtre.
Nitre (sel de); V. Sel.
Noir d'Espagne.........................D | 7 | 14
Noir de fumée, de terre et de corroyeurs....D | 2 | 4
Noir d'ivoire............................D | 3o | 6o
Noir de teinturier, d'Allemagne, d'os et de cerf.D | 3 | 6
Noisettes et Noix; à Fruits.
Noix d'acajou, de ben, de coco; V. ces mots.
Noix de cyprès.........................D | 2 | 4
Noix de galle...........................D | 2 | 4
Noix de galle légères; V. Galles.
Noix vomiques..........................D | 2 | 4
Noix vomiques pulvérisées (*lettre du* 6 *mai* 1808);
comme droguerie omise, à la valeur........ | 20 p. ⅗
Noos ou Noves de morues; V. Langues.

O.

OCRE jaune et rouge...................... | | 5 t.
Oculi cancri..........................D | 8 | 16.
Œufs de volaille et de gibier............... | B
Oignons de fleurs........................ | B
Olives et picholines; à Fruits.
Opium (*loi du* 3o *avril* 1806); au net.......D | 100
Or brûlé, en barres, en masse, lingots et monnayé,
et bijoux cassés....................... | B
Or en ouvrages d'orfévrerie; à la valeur....... | 10 p. ⅗
Or en feuilles battu; l'once net.............. | 26 | 11
Or trait battu, en paillettes ou clinquant; l'once
net.................................. | 6 | 53
Or filé ou fil d'or fin; l'once net............. | 4 | 9o
Or faux en barres et en lingots.............. | 73 | 44
Or faux en feuilles, paillettes, clinquant, trait et
battu............................... | 142 | 8o.
Or faux filé, ou fil d'or faux............... | 165 | 20.
Or faux, filé sur soie; prohibé.
Oranges; à Fruits.
Orcanette............................D | | 5 t.
Oreillons ou Orillons..................... | B
Orge perlé ou mondé (*loi du* 3o *avril* 1806).... | 12
Ornemens d'église; V. Habillemens.
Orobe (*graine ou semence d'*)............D | 1 | 2
Orpiment (*oxide d'arsenic sulfuré jaune*, NN).D | | 5 t.
Orseille (*décret du* 12 *septembre* 1810)......... | 200
Ce qui s'applique à la poudre nommée *cudbear*,

fr. c.

provenant de l'orseille desséchée. (*Lettre à Dunkerque, du 8 janvier 1811*.)

Orseille non apprêtée. Ce lichen continue à n'acquitter que le droit de balance. (*Lettre de S. Exc. le ministre de l'intérieur, du 31 janvier 1811*.)

Os de bœufs, de vaches et autres animaux.... B

Os de seiche................................ 1 2

Osier en bottes.............................. B

Ouattes; V. Houattes.

Outils pour les arts et métiers; V. Ouvrages en acier.

Outils propres à peigner le chanvre; V. Serans.

Outremer, la livre....................D 30 60

Ouvrages en acier, airain, cuivre, étain, fer, fer blanc, fonte, tôle, ou autres métaux, polis ou non polis, purs ou mélangés, (*loi du 10 brumaire an 5*); prohibés.

    L'art. 1er de la *loi du 19 pluviose an 5*, excepte les objets compris dans la classe de la mercerie commune, les armes de guerre, les instrumens aratoires et les outils pour les arts et métiers, de quelque matière qu'ils soient composés (1).

Ouvrages en bois, en marbre et en pierres; à la valeur............................. 15 p. ⅔

    en bronze; V. Bronze.

    en buis; à Mercerie.

    de corderie; à Cordages.

    de cordonnerie et autres en cuir (*loi du 10 brumaire*); prohibés.

    de ganterie; à Gants.

    d'horlogerie; V. Horlogerie.

    en marbre; V. Ouvrages en bois, etc.

    de maroquin (*loi du 10 brumaire*); prohibés.

    de marqueterie; V. Marqueterie.

    de modes; V. Modes.

    d'orfévrerie en or; V. Or en ouvrages.

    d'osier............................. 15 30

    de paille, de jonc et de palme, autres que ceux dénommés..................... 12 24

    de peau, consistant en gants, culottes ou gilets. (*loi du 10 brumaire*); prohibés.

---

(1) On ne peut mettre dans cette classe, des cadenas, fiches de fer, charnières, verroux, balances, etc. (*Lettre du 12 prairial an 12*).

Ouvrages en peau maroquinée (*même loi*); prohibés.

en pelleterie; V. Pelleteries.

en pierres; à Ouvrages en bois, etc.

à pierres de composition, marcassites ou autres, montées sur étain, cuivre argenté ou doré, ou sur or ou sur argent; à la valeur.. 5 p. ⅜

en plaqué (*loi du 10 brumaire*); prohibés.

de sellerie (*même loi*); prohibés.

de serrurerie (*idem*); prohibés.

de toiles, comme linge de table, chemises, etc. etc.; V. Linge confectionné.

Oxide d'arsenic sulfuré jaune; V. Orpiment.

Oxide de cobalt; V. Safre.

Oxide de fer rouge; V. Calcanthum.

P.

PAILLES d'acier et de fer........................ 51

Pailles de bled et autres grains................ B

Pailles de squenante; V. Squœnante.

Pain (*lettre du 2 avril 1807*)................ B

Pains à cacheter (*loi du 1er août 1792*); comme Mercerie commune.

Pain d'épice.................................... 6 12

Pains de navette, lin et colzat................ B

Paines; V. Pennes.

Palma-Christi; V. Catapuce.

Papier blanc de toutes sortes (*loi du 1er août 1792*). 61 20

Papier à cautère (*même loi*); comme Papier blanc.

Papier de la Chine.......................D 183 60

Papier doré et argenté, uni et à fleurs d'or et d'argent; papier marbré; papier à fleurs; papier uni, peint en bleu, jaune, vert, rouge; papier imitant le bois, et autres qui se vendent à la main et non en rouleau (*même loi*)............... 73 44

Papiers de musique (*même loi*); comme Estampes.

Papier de pâte grise, noire, bleue, et papier brouillard (*même loi*)........................... 36 72

Papier tontisse peint, imitant le damas, la moire, le gros-de-tours et toute autre étoffe; papier à dessin et à ramage, d'une ou plusieurs couleurs, ou imitant l'architecture et servant à tapisser ou à décorer les appartemens, et qui se vendent en

	fr.	c.
rouleaux (*même loi*)....................	91	80
Parapluies de toile cirée ; la pièce.............		75
Ceux des fabriques du royaume d'Italie ne doivent que moitié (*traité du 20 juin 1808*).		
Parasols de taffetas ; la pièce.................	2	
Parchemin neuf brut......................	B	
Parchemin neuf travaillé..................	12	24
Parchemin neuf (rognures de)...............	B	
Pareira brava........................D	4	8
Parfums non dénommés (1).................	102	
Pas-d'âne ; V. Tussilage.		

Passementerie et listonnerie, comme galons, ganses, jarretières, aiguillettes, franges, rubans, et tous autres ouvrages de passementerie et rubannerie; savoir :

	fr.	c.
En or et argent fin ; la livre net............	30	60
En or et argent faux.....................	306	
En soie, avec or et argent fin ; la livre net..	24	48
En soie, sans or ni argent ; la livre net.......	15	50
En soie et coton (*loi du 10 brumaire*); prohibée.		
En matières mêlées, non prohibées ; la livre net, lorsqu'il y a de la soie; la livre brut, lorsqu'il n'y en a pas..................	7	14
Passepierre ou percepierre................D	1	53
Pastel ou guelde..........................B	B	
Pastel d'écarlate........................	B	
Pastel (crayons de).....................D	10	20
Pâtes d'amandes et de pignons............	12	24
Pâtes de cacao ; V. Chocolat.		
Pâtes d'Italie (*loi du 30 avril 1806*)..........	20	
Pâtes de papier ; V. Cartons gris.		
Pâte de tournesol (*loi du 30 avril*).......D	10	
Patience.............................D	2	4
Patins ; à Quincaillerie.		
Pattes de lion........................D	2	4
Pavot rouge ou coquelicot (fleurs de)......D	2	4
Pavés ou pierres de grès..................	B	
Peaux de cagneaux bleus, lions et ours marins...	8	16
Peaux de chiens de mer.................	8	16
Peaux de cochons non apprêtées (*lettre du 6 avril 1806*); comme omises, à la valeur...........	3 p. ⁰⁄₀	

(1) Voyez l'observation relative aux productions des deux Indes, non dénommées aux décrets des 5 août et 12 septembre 1810.

g

fr. c.

Peaux de cygne et d'oie , propres à faire éventails, connues dans le commerce sous le nom de peaux blanches d'Italie (*lettre du ministre de l'intérieur , du 5 thermidor an* 12)............... 3o6

Peaux salées et en verd..................... B

Peaux sèches en poil, ayant leurs analogues dans les cuirs ; comme Cuirs secs.

    Mais les peaux de veaux ne doivent que le droit de balance (*circulaire du* 28 *fructidor an* 10).

    Il en est de même de celles de moutons (*lettre du* 24 *prairial an* 11) ;

    De celles de chevreuils (*lettre du* 24 *janvier* 18o6).

Peaux tannées , corroyées ou autrement ouvrées (*loi du* 10 *brumaire an* 5); prohibées.

    Les peaux d'agneaux ordinaires qui ont reçu un apprêt , y sont comprises (*lettre du* 29 *juillet* 18o8).

Peaux de toutes sortes pour gants , culottes ou gilets (*loi du* 10 *brumaire*); prohibées.

Peignes de buis , de corne et d'os ; à Mercerie.

Peignes d'écaille ; la livre (1)................ 2   4

Peignes d'ivoire ; la livre (2).................. 1 55

Pelles de fer (*loi du* 1er *août* 1792); comme Instrumens aratoires.

Pelleteries.

Peaux de blaireaux , de loutres , loups de bois et cerviers , de cygnes , de chèvres-angora , de carcajoux ; la pièce..................... 2o

Peaux de chats cerviers , chats tigres , de lions , lionnes , de martres de toutes espèces , d'oies , de renards de toutes espèces , de pékands , veaux , vaches et loups marins ; la pièce........... 1o

Peaux de chats de feu , de chats sauvages , chiens et chikakois , de fouines , de genettes , de gredbes , de marmottes , de putois , de vizons ; la pièce........................... 5

Peaux d'ours et d'oursins de toutes couleurs ; la pièce........................... 25

---

(1) En s'occupant de la révision du Tarif, on remarquera sans doute que, depuis le *décret du* 12 *septembre* 1810, l'écaille et l'ivoire *brut* sont plus imposés que les peignes qui en sont fabriqués.

(2) Voyez la note précédente.

Peaux de léopards, panthères, tigres et zébres; la
  pièce... 50

Peaux d'hermines blanches et lasquettes; le timbre
  de 40 peaux... 2

Peaux d'hermines de terre mouchetées et bervesky,
  écureuils d'Amérique, palmistes des Indes; le
  cent en nombre.................................... 2

Peaux de petits-gris et écureuils de toute espèce;
  le cent en nombre................................. 1

  Les pelleteries ci-dessus dénommées payeront,
    à l'exception des ours, le double des droits,
    lorsqu'elles seront apprêtées.

Peaux d'agneaux, dites d'Astracan, de Russie, de
  Perse et de Crimée; la pièce....................   50

Peaux de lièvres blancs apprêtées; le cent en nombre. 6

Peaux de lièvres d'autres couleurs, apprêtées (*lettre*
  du 28 mars 1809); la pièce......................   10

Gorges de renards, de martres et de fouines; le
  cent en nombre.................................... 2

Queues de martres de toutes espèces; le cent en
  nombre... 2 50

Queues de petits gris, d'écureuils, d'hermines,
  putois; le cent en nombre.........................   25

Queues de renards, de fouines, de carcajoux, de
  pékands, de loups; le cent en nombre............. 1 50

Sacs ou nappes de martres de Russie, de Canada,
  de Suède, d'Ethiopie, d'agneaux d'Astracan,
  d'hermines, de lasquettes; le sac ou nappe..   5

Sacs ou nappes de dos et ventres de petits-gris,
  d'écureuils de toute espèce, de lapins de toutes
  couleurs, de taupes, de fouines, de putois, de
  dos et ventres de lièvres blancs, d'hermines
  de terre mouchetées ou bervesky, rats palmistes des Indes, d'hamster, de dos, ventres et
  pattes de renard; le sac ou nappe.............. 1 50

Peaux de castors et de rats musqués............ B

Peaux de lièvres, de lapins gris, blancs, roux, de
  toutes espèces et couleurs, non apprêtées...... B

  Toutes les pelleteries non dénommées dans le
    présent article, payeront les droits de celles
    auxquelles elles seront assimilées.

  Tous les ouvrages en pelleterie, comme man-
    chons, fourrures, etc., payeront 15 p. ¢ de
    la valeur.

Peaux de lapins blancs, riches, roux, noirs et bruns,
  apprêtées; la pièce...............................   10

Pelures de cacao; V. Cacao.

fr. c.

Pendules (*loi du 10 brumaire*); prohibées.

Pennes ou Paines de laine et de fil................... B

Percepierre ; V. Passepierre.

Perelle apprêtée (*lettre de S. Exc. le ministre de l'intérieur, du 31 janvier 1811*); comme l'Orseille................................ 200

Perelle non apprêtée continue à ne payer que le droit de balance. (*Même lettre.*)

Perlasses ; V. Potasses.

Perles fausses (*loi du 1er août*); à Mercerie.

Perles fines non montées.................. B

Perles de nacre (*lettre du 31 mai 1808*); comme Mercerie commune.

Perrigord ou Périgueux..................... B

Perruques ; la pièce....................... 2

Persil de Macédoine...................D 10 20

Picholines ; à Fruits.

Pieds d'élan ; le cent en nombre............ 1 50

Pierre d'aigle ; V. Aigle.

Pierres à aiguiser........................ 1 2

Pierre d'aimant ; V. Aimant.

Pierres arméniennes...................D 20 40

Pierres à bâtir........................ B

Pierres à chaux (*loi du 1er août 1792*; comme Chaux.

Pierres de choin, même taillées sans être polies... B

Pierres de choin polies, en cheminées, etc.; à la valeur......................... 2 et ¼ p. ⁰⁄₀

Pierres de composition ; V. Ouvrages.

Pierres fausses ou fines, même montées.......... B

Pierres à feu, à fusil et arquebuse, compris celles à briquet......................... 4 8

Pierre de fiel ; V. Besoard.

Pierre de grès ; V. Pavés.

Pierre hématite ; V. Hématite.

Pierre de mangayer........................ 51

Pierres à plâtre......................... B

Pierre-ponce............................ 1 2

Pierres savonneuses....................... B

Pierres de touche........................ 2 4

Pignons blancs......................D 6 12

Pignons d'Inde......................D 8 16

Piment (*décret du 12 septembre 1810*); comme Poivre noir, au net..................... 400

Pinceaux, autres que de cheveux et de poil fin... 18 36

Pinceaux de poil fin..................... 146 88

Pipes ; à Mercerie.

Piqués de toutes sortes (*loi du* 10 *brumaire an* 5); prohibés.

Pirestre......................................D 5 10

Pistaches ; V. Fruits.

Pivoine (racines et fleurs de)...............D 6 12

Planches pour l'impression des toiles. Celles en *bois* doivent 15 p. $\frac{0}{0}$ de la valeur, comme les autres ouvrages de cette matière ; si elles sont de *cuivre*, elles sont prohibées (*lettre du* 27 *février* 1809).

Planches et madriers ; V. Bois.

Plaques de cheminée ; V. Fers en fonte.

Plaques de cuivre , propres à faire le verdet ; V. Cuivre.

Plaqués de toutes sortes (*loi du* 10 *brumaire*) ; prohibés.

Platine, métal précieux (*lettre du* 20 *juin* 1807). B

Plâtre...B

Ploc ; V. Bourre.

Ploc d'autruche ; V. Autruche.

Plomb brut et en saumon......................... 6 12

Plomb à tirer et en grenaille..................... 9 18

Plomb laminé et ouvré de toute autre sorte...... 18 36

Plomb en mitraille et Plomb vieux (*lettre du* 19 *avril* 1808) ; comme plomb brut.

Plumes non apprêtées d'autruche, d'aigrette, d'espadon , de héron , d'oiseau couronné, et autres qui entrent dans le commerce des plumassiers (*loi du* 30 *avril* 1806)..................... 500

   Les mêmes apprêtées (*même loi*); au net.. 1,500

Plumes de qualité inférieure, comme petites noires, bailloques et de vautour, non apprêtées (*même loi*).. 150

   Les mêmes apprêtées (*même loi*) ; au net... 500

Plumes à écrire, brutes (*même loi*)........... 20

Plumes à écrire apprêtées (*même loi*)......... 100

Plumes à lit (*même loi*)...................... 30

Poêles de tôle, à frire, avec ou sans manche de fer (*lettre du* 3 *avril* 1809) ; prohibées, comme ouvrages en fer.

Poids de marc et tous autres ustensiles destinés à peser ou à mesurer suivant l'ancien usage (*loi du* 18 *germinal an* 3) ; prohibés.

   Les Poids de fonte dont les anneaux sont brisés, ne sont pas compris dans la prohibition (*décision du* 26 *prairial an* 7).

Poil d'autruche ; V. Autruche.

fr. c.

Poils filés et en écheveaux, excepté ceux ci-après
  (*loi du* 10 *brumaire an* 5.); prohibés.

Poil de chèvre filé (*loi du* 30 *avril* 1806).......   10

Poil de chien filé..............................   B.

Poils en masse et non filés, de lapin, de lièvre,
  castor, chameau, bouc, chèvre et chevreau...   B.

Poil ou soie de porc ou de sanglier (*loi du* 30 *avril*
  1806..   15

Poil de vache (*lettre du* 7 *pluviose an* 9); comme
  Bourre ou Ploc.

Poiré; le muid de Paris (268 litres $\frac{1}{10}$e).........   6

Poisson d'eau douce, frais.....................   B.

Poisson d'eau douce, salé, mariné ou autrement
  préparé (*circulaire du* 13 *octobre* 1807); comme
  le poisson de mer salé.

Poisson de mer frais, salé ou fumé (sauf les espèces dénommées au présent tarif) (*loi du* 22 *ven-*
  tose an 12 et *circulaire du* 4 *décembre* 1810)..   20
    Mais les sardines fraîches ou en vert venant
      d'Espagne, sont admises moyennant le
      simple droit de balance, à la charge d'en-
      trer, par mer, par le seul bureau de Saint-
      Jean-de-Luz; et par terre, par ceux de
      Béhobie et d'Andaye (*décret du* 31 *mai*
      1808).

Poisson sec (*décret du* 12 *septembre* 1810).....   8

Poissons de pêche italienne (*traité du* 20 *juin*);
  moitié des droits du tarif.

Poivre à queue; V. Cubèbe.

Poivres (*décret du* 5 *août* 1810); au net :
    blanc...................................   600
    noir....................................   400

Poivre long; comme Piment.

Poix grasse, poix noire, poix résine (*loi du* 30
  avril)...................................   3

Polium montanum.....................D   5   6

Poligata de Virginie; V. Seneka.

Polozum ou fonte verte..................   24   48

Pommades de toutes sortes...............   61   20

Pompholix ou calamine blanche..........D   6   12

Porcelaine commune (1).................   163   20

Porcelaine fine (2).....................   326   40

_____

(1) *Voyez* l'article concernant les productions des deux Indes, non
dénommées *aux décrets des* 5 *août et* 12 *septembre* 1810.
(2) Voyez la note précédente.

Portefeuilles de basane (*loi du 1er août 1792*);
  comme Mercerie commune.
Portefeuilles de maroquin (*loi du 10 brumaire*);
  prohibés.
Potasses (*décret du 5 novembre 1810*)............   3o
  Cette dénomination est générique : elle com-
    prend les *perlasses*, *guédasses*, *védasses* et
    cendres gravelées, qui ne sont que des va-
    riétés de la même classe. (*Circulaire du 29*
    novembre 1810.)
Poterie de grès; V. Faïence.
Poterie de terre grossière.....................   3   6
Potin gris; V. Arço.
Poudre à poudrer, excepté celles ci-après.......   12   24
Poudre de Chypre; la livre.....................   4   8
Poudres de senteur............................   91   80
Poudres à tirer (*lois des 15 mars 1791 et 13 fruc-*
  tidor an 5); prohibées.
Pouliot de Virginie...................D   2   4
Pourpre naturelle et factice.............D   15   3o
Pozzolane...............................   B
Presle (feuilles de)..........................   51
Pressure................................   B
Prunes et Pruneaux; à Fruits.
Prunes de Monbain; V. Acaja.
Prussiate de potasse; V. Bleu de Prusse.

Q.

Quercitron; V. Ecorce.
Queues de martre, etc.; V. Pelleterie.
Quincaillerie fine ou commune en fer, sauf les
  exceptions ci-après (*loi du 10 brumaire an 5*);
  prohibée.
Faulx (*décret du 11 juillet 1810*)...........   5o
  Ce droit s'applique aux faucilles. (*Lettre du 20*
    juin 1810, au directeur de Saint-Vallery.)
Faulx et Faucilles des fabriques du royaume
  d'Italie (*traité du 20 juin 1808*); la moitié des
  droits du tarif.
Scies, vrilles et autres instrumens aratoires.....   4o   8o
Limes communes.........................   20   4o
Etaux communs et enclumes (*lettres des 16 mars*
  et 29 avril 1809)................... *le même droit.*
Alènes, broches, carlets, emporte-pièces,

fr. c.

limes fines à orfévre et à horloger , et toutes
limes en acier........................ 76 50
Les patins sont dans cette classe (*lettre du
27 frimaire an* 14).
Quincaillerie en cuivre de toutes sortes , ou avec
cuivré rouge , jaune ou plaqué (*loi du* 10 *brumaire*); prohibée.
Quinquina (1) *(décret du* 12 *septembre* 1810*)*; la
livre net :
rouge............................. 10
jaune............................. 4
gris roulé......................... 7

R.

RACINES d'alizari , d'angélique , d'aulnée , de bar-
dane , de calagnala , de câprier , de dictame ,
d'ellebore , d'ésule , de fabago , de garou , de
guimauve , de pivoine , de thymelée. V. Garance sèche , Angélique , Aulnée , etc.
Racines pour brosses (*lettre du* 28 *avril* 1810);
comme bruyères à faire vergettes.
Racine de chicorée (*lettre du* 22 *février* 1809);
comme omise , à la valeur................ 3 p. %
Racine de chicorée moulue (*circulaire du* 6 *ventose an* 13); comme droguerie non dénommée ,
à la valeur........................ 20 p. %
Rack ou Arrack ; prohibé , comme eau-de-vie
autre que de vin.
Raisiné de fruits cuits avec miel ou moût de vin
(*lettre du* 24 *nivose an* 13); à la valeur..... 10 p. %
Raisins de Damas et de Corinthe , et autres raisins
secs ; V. Fruits.
Rameaux d'olives (*lettre du* 15 *mai* 1810); comme
omis , à la valeur.................... 3 p. :
Ramonettes ; à Mercerie.
Rapatelle ou Toile de crin. 20 40
Rapure d'ivoire.......................D 10 20
Rapontic ou fausse Rhubarbe ; prohibé.
Raquettes ; à Mercerie.
Ratafias de toutes sortes ; à Liqueurs.

_____

(1) Voyez le Dictionnaire des Productions de la nature , etc.

	fr.	c.
Redon ou Rodon.........................	B	
Redoul ou Rodoul (feuilles de)...........	B	
Réglisse en bois (*loi du 30 avril 1806*).......D	5	
Réglisse en bois pulvérisé (*lettre du 6 mai 1808*);		
comme droguerie omise.................	20 p. 3/8	
Réglisse (jus de); V. Jus.		
Régule d'antimoine..................D	8	16
Régule d'arsenic ou de cobalt.............	8	16
Régule d'étain.........................	24	48
Régule martial....................D	16	32
Régule de Vénus........................	40	80
Résine élastique; V. Gomme.		
Résine de jalap; au net.................D	61	20
Résine de sapin (*lettres des 20 fructidor an 13 et*		
29 mai 1806); comme Poix résine.		
Résine de scammonée; V. ce mot.		
Résures de morue; V. Rogues.		
Rhubarbe (*décret du 12 septembre 1810*); la livre		
net..................................	6	
Rhubarbe blanche; V. Mechoacham.		
Rhue (feuilles de)..................D	2	4
Rhum (*lettre du ministre du 27 prairial an 5*);		
prohibé, comme eau-de-vie autre que de vin.		
Riccin.............................D	8	16
Riz (sauf les exceptions suivantes), (*loi du 30*		
avril 1806)...........................	5	
Riz d'Amérique (*décret du 12 septembre 1810*)..	20	
Riz du royaume d'Italie (*décret du 10 et circulaire*		
du 30 octobre 1810)...................	B	
Rocou (*décret du 12 septembre 1810*)........	200	
Rodon, Rodoul; V. Redon et Redoul.		
Rogues ou résures de morue..............	B	
Romarin (fleurs de); V. Fleurs.		
Ronas (1)............................	B	
Roseaux ordinaires.....................	B	
Roseaux à l'usage des fabriques de toileries (*loi du*		
1er août 1792)........................	B	
Roses fines et communes................D	10	20
Rosettes..............................	2	4
Rotins ou roseaux des Indes, pour faire meubles. D	6	12
Rouge pour femme; la livre..............	8	16
Rouge brun; V. Brun rouge.		
Rouge d'Inde; V. Terre rouge.		

(1) Voyez le Dictionnaire des Productions de la nature, etc.

h

fr. c.

Rubans anglais (*loi du* 10 *brumaire an* 5); prohibés.

Rubans de fil écru et d'étoupes................ 61 20
Ruban de fil blanc......................... 102
Rubans de fil teint........................ 142 80
Rubans de fil, à jours, imitant la dentelle (*lettre aux directeurs du Rhin, du* 12 *avril* 1808); comme omis, à la valeur.............1........ 10 p. &

Rubans de fleuret ou filoselle (*loi du* 1er *août* 1792); comme passementerie de matières mêlées.

Rubans de soie; V. Passementerie.

Rubans, cordons et tresses de laine et fil de chèvre mêlés............................... 122 40
Rubans ou tresses en poil de chèvre, mêlés de soie. 204
Ruches à miel............................. B

S.

Safran (*loi du* 30 *avril* 1806); la livre net...D 9
Safranum (*même loi*)..................D 10
Saphre ou Zaphre (*Oxide de cobalt*, NN.);...D 15 30
Sagu ou Sagou....................D 20 40
Salep ou Salop....................D 61 20
Salpêtre ou Nitre (*Nitrate de potasse*, NN.), (*lois des* 15 *mars* 1791 et 13 *fructidor an* 5); prohibé.

Les fabricans qui l'emploient comme matière première, peuvent en tirer par l'Orient, le Hâvre, Dunkerque, Anvers ou Marseille (*arrêté du* 27 *pluviose an* 8), en payant par quintal, le droit de 6 fr. 12 c., imposé par la *loi du* 1er *août* 1792.

Salsepareille (*loi du* 30 *avril* 1806); au net...D 100
Sandarac; V. Gomme.
Sang de bouc ou bouquetin................D 15 30
Sang de dragon de toutes sortes............D 18 36
Sangles pour chevaux (*loi du* 1er *août* 1792); comme Harnais.

Sangles pour meubles, etc................ 122 40
Sanguine pour crayons................D 51
Sardines; V. Poisson de mer frais.
Sarrette ou Sariette....................D 1 2
Sassafras ou Saxafras................D 3 6
Sauge............................D 2 4
Savons (*décret du* 11 *juillet* 1810); prohibés.

	fr.	c.
Savonnettes..........................	81	60
Saxafras ; V. Sassafras.		
Saxifrage (graine ou semence de)...........D	3	6
Scabieuse ....D	2	4
Scammonée et résine de Scammonée (*loi du 30 avril 1806*); au net ....D	300	
Scavisson ; V. Écorce.		
Schalls anglais (*loi du 10 brumaire an 5*); prohib.		
Schalls, même non anglais, de laine, coton, poil, ou mélangés de ces matières (*même loi*); proh.		
Scies ; à Quincaillerie.		
Scilles ou Squilles marines................D	1	57
Sebestes........................D	4	8
Sel ammoniac (*Muriate d'ammoniaque*, NN.) (*loi du 30 avril 1806*); la livre............D	1	50
Sel ammoniac, venant d'Égypte sur bâtiment fran-çais (*même loi*); la livre................D		50
Sel de cerf ; voyez Cerf.		
Sel duobus (tartre vitriolé ou résidu d'eau-forte), (*Sulfate de potasse*, NN.)...............D	6	12
Sel d'Epsum (*Sulfate de magnésie*, NN.) (*décret du 26 mars 1810*)....................	10	
Sel gemme ou Sel fossile naturel (*Muriate de soude fossile*, NN.)...................D	10	20
Sel de Glauber (*Sulfate de soude*, NN.) (*loi du 1er août 1792*)......................D	6	12
Sel marin et Sel de salines (*Muriate de soude*, NN.); prohibés.		
Sel de nitre (*Nitrate de potasse raffiné*, NN.) (*loi du 13 fructidor an 5*); prohibé.		
Sel d'oseille (*Oxalate acidule de potasse*, NN.) D	10	20
Sel (pierre ou crasse de); V. Crasse.		
Sel de quinquina ; prohibé.		
Sel de rhubarbe; prohibé.		
Sel de lait (*Sucre de lait*, NN.)............D	20	40
Sel de saignette (*Tartrite de soude*, NN.)...D	20	40
Sel de saturne (*Acétite de plomb*, NN.)......D	20	40
Sel de tartre ou sel végétal (*Tartrite de potasse*, NN.)...........................D	20	40
Sel volatil de cornes de cerf, de vipère, de ca-rabé; au net....................D	122	40
Selles pour chevaux (*loi du 1er août 1792*); comme Harnais.		
Semen cartami ; V. Cartami.		
Semen contra ou Barbotine (*loi du 30 avril*)...D	50	
Semen dauci ; V. Daucus.		
Semence de ben....................D	4	8

	fr.	c.
Semences froides et autres médicinales......D	6	12
Semence d'orvale (*lettre du 1er juin* 1810); comme Graine de jardin.		
Semouille (*loi du 30 avril* 1806).............	8	
Séné en feuilles, follicules ou grabeau (*même loi*); au net.,.................................D	50	
Sénéka ou Poligala de Virginie............,....D	8	16
Senneré..................,............D	1	2
Serans, outils propres à peigner le chanvre (*loi du 1er août* 1792); comme Instrumens aratoires.		
Serpentine ou Serpentaire.................D	10	20
Serpes et serpettes; comme Instrumens aratoires.		
Serrures; V. Fers ouvrés.		
Seseli.................................D	3	6
Sifliels d'os et d'ivoire; à Mercerie.		
Similor; V. Tombac.		
Sirop de kermès.......................D	10	20
Sirops non dénommés (1)..................	51	
Smalt (*circulaire du 23 pluviose an* 13); comme Azur en poudre.....................D		
Snack (cornes de); V. Cornes de cerf.		
Soies grèzes de toutes sortes, excepté celles ci-après; la livre net........................	1	2
Soies grèzes doubles ou doupions; la livre net...		51
Soies ouvrées en trame, poil et organsin; la livre net..............................	2	4
Soies à coudre, crues; la livre net...........	2	4
Soies teintes; la livre net.................	3	6
fleuret ou filoselle crud; la livre net.........		82
Ce droit est applicable au fleuret ou filoselle filé, crud (*lettre du* 17 *janvier* 1807).		
fleurets teints; la livre net...............	3	6
cocons et bourre de soie de toutes sortes.......	B	
bourre de soie cardée; la livre net.........		82
Soies du royaume d'Italie (*décret du* 10 *octobre* 1810)..........................	B	
Soie de porc ou de sanglier; V. Poil.		
Soldanelle ou Chou de mer...............D	3	6
Son de toutes sortes de grains.............	B	
Sorbec........................D	36	72
Souchet ou Cyperus de toutes sortes........D	2	4
Souchet pulvérisé (*lettre du* 6 *mai* 1808); comme droguerie omise, à la valeur.........	20 p. 2/2	
Soudes (*Alkali minéral*) (*décret du* 11 *juillet* 1810); prohibées.		

---

(1) Voyez l'observation concernant les denrées coloniales.

fr. c.

Soufflets ; à Mercerie.
Soufre brut ou vif .... B
Soufre en canons.......................D 2 4
Soufre (fleur de); V. Fleur.
Soufre en mèches ; V. Mèches.
Soufre sublimé; V. Fleur de soufre.
Souliers de cordes ; V. Alpagattes.
Spalt.................................. B
Spica celtica ou Nard celtique...............D 6 12
Spica nardi ou Nard indien.................D 20 40
Spode....................................D 4 8
Squænante ou Pailles de squenante..........D 20 40
Squilles marines; V. Scilles.
Squine ou Esquine.......................D 6 12
Staphisaigre ....D 3 6
Stecas ou Sticade........................D 3 6
Stercus diaboli ; V. Assa fœtida.
Stil de grain.............................D 12 24
Stockvisch (loi du 22 ventose an 12).......... 8
Storax calamite ....D 20 40
Storax liquide ....D 6 12
Storax rouge et en pain...................D 8 16
Stuc .... B
Sublimé doux et corrosif (Muriates de mercure
   doux et corrosif, NN.)..................D 30 60
Suc de guimauve ; V. Guimauve.
Sucre brut (décret du 5 août 1810); au net...... 300
Sucre tête et terré (même décret); au net....... 400
Sucres raffinés (loi du 8 floréal an 11); prohibés.
Sucre de lait; V. Sel de lait.
Suie de cheminée......................... B
Suifs.................................... B
Sulfates d'alumine et de chaux; V. Alun et Gyp.
Sulfates de cuivre, de fer et de zinc; V. Coupe-
   roses.
Sulfates de magnésie, de potasse et de soude;
   V. Sels d'Epsum, Duobus et de Glauber.
Sumac (décret du 12 septembre 1810)......... 30

T.

Tabacs ; voyez cet article aux observations.
Tabatières de carton ou de papier ; V. Boëtes.
Tableaux sans bordures .... B
Tableaux à cadres ou bordures ; à la valeur , sur

fr. c.

l'estimation des cadres ou bordures seulement. 15 p. ⅔

   Si les Tableaux sont sous verres, l'estimation
    des verres doit être ajoutée. (*Lettre du 24
    fructidor an 13*).

Tabletterie (*loi du 10 brumaire an 5*); prohibée.

Tafia; prohibé, comme eau-de-vie autre que de
   vin.

Taillanderie; à Fers ouvrés.

Talc .... B

Talc de Moscovie ou Mica.................. B

Tamarin (*loi du 30 avril 1806*)...........D 20

Tamarin confit; V. Gomme.

Tambours et tamis; à Mercerie.

Tan....................................... B

Tanesie ou Herbe aux vers.................D 10 20

Tapis dits anglais (*loi du 10 brumaire*); prohibés.

Tapis, même non anglais, de laine, coton et poil,
   ou mélangés de ces matières, en quelque proportion que ce soit; prohibés comme Etoffes.
   (*Lettre de Son Exc. le ministre de l'intérieur,
   du 28 mars 1809*)

Tapis de soie, ou mêlés de soie............... 306

   S'il y entrait de la laine, du coton ou du poil;
    prohibés.

Tapisseries, excepté celles ci-après............ 244 80

Tapisseries façon d'Anvers et de Bruxelles...... 81 60

Tapisseries avec or et argent................. 489 60

Tapisseries peintes......................... 91 80

Tapisseries en cuirs dorés et argentés; V. Cuirs.

Tapsic noir et blanc......................D 2 4

Tartre (*loi du 30 avril 1806*). ....D 6

Tartre vitriolé ou résidu d'eau-forte; V. Sel
   Duobus.

Tartrite de potasse et Tartrite acidule de potasse;
   V. Sel et Crème de Tartre.

Tartrite de soude; V. Sel de saignette.

Taureaux; à Bestiaux.

Térébenthine commune................D 3 57

Térébenthine de Venise...............D 15 30

Terra-merita ou Curcuma; V. Curcuma.

Terre glaise; V. Argile.

Terre jaune (*lettre du 14 avril 1809*); comme
   l'Ochre.

Terre de Lemnos......................... B

Terre moulard ou cimolée................ B

Terre d'ombre........................... B

Terre à pipe .... B

Terre de Porcelaine ; V. Derle.
Terre rouge ou rouge d'Inde......................   B
Terre rubrique..................................   B
Terre sigillée..................................   B
Terre verte.............................D   2   4
Thé (*décret du 5 août 1810*); par quintal net :
   hyswin.................................   900
   vert....................................   600
   de toute autre espèce...................   150
Thimélée ou Garou (racine de) ....   B
Thon mariné..................................   91   80
   Cette dénomination comprend le Thon préparé
   soit à l'*huile*, soit au *sel*. (*Lettre du 4 octobre
   1809*.)
Tiges de bottes (*loi du 10 brumaire an 5*); prohibées, comme Cuir ouvré.
Tire-bouchons ; à Mercerie.
Tilleul (écorce de)..........................   B
Tissu connu sous la dénomination de *Tulle an-
   glais*, de *gaze* ou *Tricot de Berlin*, fait partie
   de ceux dont la *loi du 10 brumaire* prononce la
   prohibition. (*Décret du 10 mars 1809.*)
Tissus de laine et fil teints (*loi du 1er août 1792*);
   comme Rubans de fil teints.
Toile de chanvre ou de lin, écrue (*loi du 3 fri-
   maire an 5*).............................   51
Toile de chanvre ou de lin, blanche (*idem*)....   61   20
Toile à voile ; comme celle ci-dessus, suivant
   qu'elle est écrue ou blanche. (*Circulaire du 5 fri-
   maire an 5.*)
Toile préparée pour peindre (c'est une toile grasse)
   (*loi du 1er août 1792*)...................   20   40
Toiles de pur fil, peintes ou teintes...........   275 40
Toiles à carreaux pour matelas   84   60
Toiles cirées de toutes sortes................   40   80
Toiles gommées, treillis, bougrans et autres toiles
   à chapeaux, noires ou d'autres couleurs......   30   60

   On range dans cette classe les Toiles à jamis
   bleues du Levant (*décision du 2 messidor
   an 5*); les Toiles grossières et n'étant propres qu'aux emballages. (*Lettre du 27 mai
   1807.*)

Toiles de chanvre et de lin, et Toiles à voiles, des
   fabriques du royaume d'Italie (*traité du 20 juin
   1808*); la moitié des droits du tarif.
Toiles de coton ou de fil et coton, qu'elles soient

fr. c.

blanches, teintes, peintes ou imprimées (*loi du*
3o *avril* 1806); prohibées.
Toile de crin ; V. Rapatelle.
Toile nankin ; V. Nankin.
Tombac, similor ou métal de prince et de Man-
heim, non ouvré........................ 15 3o
Tombac ouvragé (*loi du* 10 *brumaire an* 5) ; pro-
hibé.
Tormentille.............................D 2 4
Tortues vivantes (*lettre du* 14 *septembre* 1810) ;
comme omises, à la valeur................ 5 p. ⅔
Tourbe................................... (B)
Tournesol ou Maurelle en drapeaux........... (B)
Tournesol en pain et en pierre (*lettre du* 12 *jan-
vier* 1808); comme pâte de Tournesol.
Tournesol en pâte ; V. Pâte.
Tours d'horlogers ; V. Étaux.
Toutenague ou zinc ; V. Zinc.
Tresses ; V. Rubans.
Tricot de Berlin ; prohibé. V. Tissu.
Tripes de morue ; V. Langues.
Tripoli ; V. Alana.
Truffes fraîches............................. 36 7²
Truffes sèches.............................. 20 4⁰
Tuiles ; V. Briques.
Tulles anglais ; prohibés. V. Tissu.
Turbit...................................D 10 2⁰
Tussilage ou Pas-d'âne...................D 2 4
Tutie....................................D 2 4

U.

Usnée...................................D 2 4

V.

Vaches ; à Bestiaux.
Valanède ; V. Avelanède.
Vanille ou Badille(*décret du* 12 *septembre* 1810) ;
la livre net..................................... 6o
Veaux ; à Bestiaux.
Védasse ; V. Potasse.
Vélin... 12 2⁴
Velours de coton (*loi du* 10 *brumaire an* 5); proh.

fr.   c.

Vendange et moût (*loi du 22 ventose an* 12); les deux tiers du droit sur le vin.

Mais s'ils proviennent de vignes possédées par des Français sur territoire étranger voisin des départemens de la rive du Rhin, et de ceux de Marengo, de la Sésia, et autres de la 27e division militaire, ils sont admis en franchise. (*Même loi*, *art.* 9.)

Cette faveur est subordonnée à la condition de justifier de la propriété en pays étranger, du produit de la récolte et de l'origine des vendanges importées. (*Circulaire du* 18 *floréal an* 12.)

Le droit de balance est perceptible.

Verd-de-gris sec et en poudre (Verdet).......D   15   30
Verd-de-gris crystallisé.....................D   20   40
Verd-de-gris humide.........................D   6   12
Verd de vessie..............................D   20   40
Verd de montagne............................D   15   30
Verjus; le muid.............................   6
Vermeil.....................................D   20   40
Vermicelli (*lettre du* 25 *avril* 1807); compris dans les Pâtes d'Italie.
Vermillon (Cinabre pulvérisé), (*loi du* 30 *avril* 1806).....................................D   100
Vernis de toutes sortes.....................D   40   80
Verre d'antimoine...........................D   8   16
Verre cassé; V. Groisil.
Verre de Moscovie...........................   B
Verrerie, autre que les verres servant à la lunetterie et à l'horlogerie (*loi du* 10 *brumaire*); prohibée.

Les fiasques sont comprises dans cette prohibition. (*Lettre du* 20 *mars* 1807.)

Verres en fioles pleines (*lettre du* 10 *avril* 1807); à la valeur..........................   10 p. 2/0
Verres en bouteilles pleines (*loi du* 30 *avril* 1806); le cent en nombre......................   12
Vez-cabouli.................................D   6   12
Vieux fer; à Ferrailles.
Vieux plomb; V. Plomb en mitraille.
Vif-argent; V. Argent-vif.
Vinaigre (*loi du* 30 *avril* 1806); le litre........   10
Vins de liqueur, tels que ceux de Malaga, Pakaret, Kérès, Rota, Alicante, Constance, du Cap, de Madère, de Tokai, et autres, soit qu'ils entrent en futailles ou en bouteilles (*loi du* 30

fr. c.

avril 1806); le litre.......................... 1

Vins ordinaires, de quelque pays qu'ils viennent
(*loi du 30 avril* 1806); par litre............. 25

Les habitans de la rive gauche du Rhin , qui
possèdent des vignes sur la rive droite,
peuvent y faire leur vin, et importer , chaque année , jusqu'au 1er nivose (21 décembre), le produit de leur récolte. (*Loi du*
1er pluviose an 13 , *art.* 7.)

Cette faculté est subordonnée à la condition de justifier, par la représentation
des titres , de la propriété des vignes , et
d'une possession antérieure au 1er vendémiaire au 13 (23 septembre 1804). (*Même*
loi , art. 7 *et* 10.)

La franchise ne s'étend point au droit de
balance.

Vin de Pedro-Ximénès , quoique faisant partie des
vins de liqueur, ne paie, à la douane d'Anvers,
que comme vin ordinaire. (*Décision du* 5 *fri-*
maire an 14.)

Vins de Porto (*lettre du* 5 *mars* 1806); comme
Vins ordinaires.

Vins de Ténériffe (*lettre du* 25 *janvier* 1809); *idem.*

Vins du crû du royaume d'Italie (*traité du* 20
juin 1808), savoir :

fins ou de luxe, de toute espèce, en *cercles* ,
5 fr. par quintal ; et en *bouteilles* , 25 centimes par litre.

communs ; la moitié du droit des vins ordinaires.

Vins de l'île de Corse et de l'île d'Elbe , entrant
par les ports de la Toscane , de la Ligurie et
des États romains (*décrets des* 20 *septembre*
1809 , 23 *avril et* 15 *novembre* 1810); par
litre................................... 5

Viorne ou Hardeau (feuilles et baies de).....D 2 4

Vipères vivantes ou sèches ; le cent en nombre...D 5

Visnague ; V. Bisnague.

Vitriol blanc (Couperose blanche)..........D 15 50

Vitriol bleu ; V. Couperose.

Vitriol de Chypre (*loi du* 1er *août* 1792); comme
Couperose ou Vitriol bleu.

Vitriol rubifié ; V. Calcanthum.

Voitures vieilles ou neuves , montées ou non montées (*loi du* 10 *brumaire an* 5) ; prohibées.

Celles à l'usage des voyageurs ne pouvant

immédiatement rétrograder à l'étranger, il avait été arrêté, pour concilier la prohibition avec les convenances, que le renvoi de ces voitures serait assuré par le cautionnement de leur valeur, et que la condition du retour ne pourrait excéder le délai d'un an.

Un autre mode étant suivi en Angleterre, où le voyageur dépose à l'entrée, le tiers de la valeur de sa voiture, et obtient le remboursement du quart de cette valeur à la sortie, si elle s'effectue dans un délai de trois ans, et que la réclamation ait été faite dans celui des deux premières années, le ministre avait décidé que l'on userait de réciprocité à l'égard des anglais qui voyageraient en France (*circulaire du 17 germinal an 11*) : depuis, cette mesure a été déclarée applicable à tous les étrangers. (*Lettre du 15 messidor an 11, au directeur à Anvers.*)

Volailles................................. B
Volans; à Mercerie.
Vrilles; à Quincaillerie.
Vulnéraires (herbes)..................D   4   8.

X.

Xilo-Balsamum; V. Bois de Baume.

Z.

Zaphre; V. Safre.
Zédoaire ou Citouard....................D   18   56
Zinc ou Toutenague (*décret du 10 août 1810*)...   50

Tare à déduire pour percevoir les droits sur ce qui est tarifé au poids net.

Toutes les marchandises paient les droits au poids brut, à l'exception de celles ci-après, lesquelles acquitteront au poids net. (*Loi du 22 août 1791, titre 1er, article 3.*)

SAVOIR:

Dentelles. (*Même article.*)
Drogueries et épiceries dont le droit excède 40 fr. 80 c. par quintal. (*Même article et décision du 11 germinal an 11.*)
Ce qui s'applique aux marchandises de la même espèce, qui, précédemment imposées à des droits inférieurs à

celui de 20 fr. par 5 myriagram., se trouvent au-
jourd'hui assujetties à des droits excédant cette quotité de 20 fr. par 5 myriagram. (*Lettre du* 9 *ventose
an* 13.)

A celles dont le double droit ordonné par le *décret
impérial du* 8 *février* 1810, excède pareillement la
quotité de 40 fr. 80 c. par quintal. (*Lettre du* 21 *mars*
1810.)

Ouvrages de soie, or et argent. (*Même article* 3.)
Plumes apprêtées et soies. (*Loi du* 1er *août* 1792 , *art.* 9.)
Sucres, café, cacao et poivre. (*Loi du* 8 *floréal.*)
Coton en laine. (*Décision du* 9 *avril* 1806.)
Potasses, guédasses, védasses, casubes, etc. (*Décret du*
    7 *mars* 1811.)
La tare est de 15 pour $\frac{o}{o}$ sur les sucres bruts en futailles.
    (*Loi du* 8 *floréal* , *tit.* 4, *art.* 11.)

De 12 pour $\frac{o}{o}$ pour les sucres têtes et terrés, le café,
le cacao et le poivre aussi en futailles. (*Même art.*)
De 3 pour $\frac{o}{o}$ sur les cafés, cacao et poivre en sacs. (*Même
article.*)
De 12 pour $\frac{o}{o}$ sur les drogueries et épiceries en futailles,
et de 2 pour $\frac{o}{o}$ sur les mêmes objets en paniers ou en
sacs. (*Loi du* 22 *août* 1791 , *tit.* 1er *art.* 3.)
De 6 pour $\frac{o}{o}$ sur les cotons en laine en ballots; et de 8
sur les ballotins au-dessous du poids de 100 lb., poids
de marc , ou 50 kilogrammes. (*Décision de S. M.
l'Empereur* , *du* 9 *avril* 1806.)
De 12 p. $\frac{o}{o}$ sur les potasses, guédasses, védasses, casubes, etc. (*Décret du* 7 *mars* 1811.)

A l'égard des ouvrages de soie, or et argent, et des dentelles
(des plumes apprêtées et de la soie), la perception en sera
faite sur la déclaration au poids net, sauf la vérification de
la part des préposés. (*Loi du* 22 *août*, *tit.* 1er, *art.* 3.)

Lorsque des marchandises sujettes aux droits au poids net
ou à la valeur, se trouvent dans les mêmes balles, caisses
ou futailles, avec d'autres marchandises qui doivent les droits
au poids brut, la totalité desdites caisses, balles ou futailles,
acquitte au poids brut. (*Même article.*)

Toute marchandise qui , étant tarifée au brut, est dans
une double futaille, ne doit les droits que déduction faite
du poids de la futaille qui lui sert d'une seconde enveloppe.
(*Loi du* 1er *août* 1792 , *art.* 9.)

Dans le cas où une balle ou futaille contient des marchandises assujetties à des droits différens, le brut de la balle
ou de la futaille doit êt e réparti sur chacune des espèces
qui y sont contenues, dans la proportion de leurs quantités
respectives. (*Même article.*)

PROHIBITIONS A L'ENTRÉE.

Les articles frappés de prohibition absolue à l'entrée, sont au tarif dans l'ordre alphabétique.

Prohibition à défaut de certificat d'origine.

Tous objets de fabrique étrangère dont l'entrée est permise, ne sont admis dans l'intérieur de l'empire, qu'autant qu'ils sont accompagnés de certificats d'origine, conformément à la loi du 1er mars 1793. (*Loi du 10 brumaire an 5, art. 13.*)

Les tableaux sont admissibles, quelle qu'en soit l'origine. (*Lettre du ministre de l'intérieur, du 5 fructidor an 11.*)

Pour les denrées coloniales et autres marchandises assujetties aux certificats d'origine; V, *Prohibition du commerce anglais.*

Prohibitions locales et restriction d'entrée pour certaines marchandises.

On ne peut admettre par des bureaux de terre non placés sur les grandes routes :

Plus de cinq livres métriques pesant de drogueries et épiceries ;

Plus de vingt-cinq livres métriques, de toile de lin et de chanvre, blanche ou écrue, de basin de fil, bougrans et treillis ;

Des soies et filoselles, telle modique qu'en soit la quantité ;

Des batistes et des linons. (*Loi du 22 août 1791, tit. 4, art. 1, 2, 3, 4 et 5, et loi du 12 pluviose an 3, art. 4.*)

Les cotons de Naples ne peuvent entrer que par les bureaux de la ligne des Alpes, et par les ports depuis Rome jusqu'à Cette inclusivement. (*Circulaire du 25 août 1810.*)

Les cotons du Levant transportés par mer, ne peuvent être reçus que par les ports de Marseille, Gênes et Livourne. (*Décret du 12 novembre 1810, art. 5.*)

Leur entrée par terre est restreinte aux bureaux ci-après; savoir : Strasbourg, jusqu'au 1er *juillet* 1811, et à compter de cette époque, Verceil, Casatisme et Piétra-Mala. (*Même décret, art. 1 et 2, et décret du 22 janvier 1811.*)

Cependant ces trois derniers bureaux sont ouverts depuis le 1er *janvier*, à ceux de ces cotons qui ont transité par les provinces Illyriennes et par le royaume d'Italie. (*Art. 3.*)

Les autres cotons d'origine européenne, tels que ceux d'Espagne, ne pourraient être introduits sans une permission spéciale de S. M. (*Circulaire du 8 août 1810.*)

On n'admet par aucun bureau de terre les cotons des deux Indes, ni les denrées coloniales et autres marchandises im-

posées par les décrets impériaux des 5 *août et 12 septembre*
1810. (*Circulaire des 8 août et* 13 *septembre* 1810.)

Sont exceptés les huiles de poisson, la morue et le poisson
sec, accompagnés de certificat en bonne forme, attestant
une origine européenne, non prohibée. (*Circulaire du* 13 *sep-*
tembre 1810.)

Il en est de même des herbes médicinales et des drogues
uniquement propres à la pharmacie, telles que les cantha-
rides et autres, lorsque leur espèce est reconnue production
européenne, et que les certificats qui les accompagnent at-
testent cette origine. (*Circulaire du 4 octobre* 1810.)

Prohibition du commerce anglais.

Aucune denrée coloniale provenant des colonies anglaises,
ni aucune marchandise venant directement ou indirectement
d'Angleterre, ne sera reçue dans les ports de France. En
conséquence, toute denrée et marchandise provenant de fabrique ou colonie anglaise, sera confisquée. (*Loi du 22 ven-*
tose an 12, art. 14, *et décret du 21 novembre* 1806, *art.* 5.)

Pour assurer cette prohibition, les bâtimens neutres destinés pour la France devront être munis d'un certificat délivré
par le consul français au port d'embarquement, lequel portera le nom du vaisseau, celui du capitaine, la nature de
la cargaison, le nombre d'hommes d'équipage et la destination du bâtiment.

Dans cet acte, le consul attestera qu'il a vu le chargement
s'opérer sous ses yeux, et que les marchandises ne proviennent ni de l'Angleterre, ni de ses colonies et de son commerce. Il indiquera en outre le lieu de l'origine des marchandises, les pièces qui lui auront été représentées à l'appui de
la déclaration, et le nom du bâtiment à bord duquel elles
auront été transportées primitivement du lieu de l'origine
dans celui du chargement. Le Consul adressera un duplicata
de son certificat au Conseiller d'état directeur général des
douanes. (*Loi du 22 ventose an 12, art.* 15, *et décret du*
23 *novembre* 1807, *art.* 4.)

Tous les bâtimens qui, après avoir touché en Angleterre,
par quelque motif que ce soit, entreront dans les ports de
France, seront saisis et confisqués, ainsi que les cargaisons,
sans exception, ni distinction de denrées et marchandises.
(*Décret du* 23 *novembre* 1807, *art.* 1er.)

Les capitaines des bâtimens qui entreront dans les ports
de France, devront, dans le jour de leur arrivée, faire au
bureau des douanes une déclaration du lieu de leur départ;
de ceux où ils ont relâché, et présenter leurs manifestes,
connaissemens, papiers de mer et livres de bord. (*Art.* 2.)

Lorsque le capitaine aura signé et remis sa déclaration,
et communiqué ses papiers, le chef des douanes interrogera

séparément les matelots en présence des deux principaux préposés. S'il résulte de cet interrogatoire, que le bâtiment a touché en Angleterre, indépendamment de la saisie et confiscation dudit bâtiment et de sa cargaison, le capitaine sera, ainsi que ceux des matelots qui, dans leur interrogatoire, auraient fait une fausse déclaration, constitué prisonnier, et ne sera mis en liberté qu'après avoir payé une somme de *six mille francs* pour son amende personnelle, et celle de *cinq cents francs* pour chacun des matelots arrêtés, sans préjudice des peines encourues par ceux qui falsifient leurs papiers de mer et livres de bord. (*Même article.*)

Si des avis et renseignemens donnés aux directeurs des douanes élèvent des soupçons sur l'origine des cargaisons, elles seront mises provisoirement en entrepôt, jusqu'à ce qu'il ait été reconnu et décidé qu'elles ne proviennent ni d'Angleterre, ni de ses colonies. (*Art.* 3.)

Tout bâtiment, de quelque nation qu'il soit, qui aura souffert la visite de vaisseaux anglais, ou se sera soumis à un voyage en Angleterre, ou aura payé une imposition quelconque au gouvernement anglais, sera déclaré de bonne prise, soit qu'il entre dans les ports de France ou dans ceux de ses alliés, soit qu'il tombe au pouvoir des vaisseaux de guerre de S. M. ou de ses corsaires. (*Décret du* 17 *décembre* 1807, *art.* 1er *et* 2.)

Lorsqu'un bâtiment entrera dans un port de France ou des pays occupés par les armées de S. M. tout homme de l'équipage ou passager qui déclarera au chef de la douane que ledit bâtiment vient d'Angleterre, ou des colonies anglaises, ou des pays occupés par les troupes anglaises, ou qu'il a été visité par des vaisseaux anglais, recevra le tiers du produit net de la vente du navire et de sa cargaison, s'il est reconnu que sa déclaration est exacte. (*Décret du* 11 *janvier* 1808, *art.* 1er.)

Le chef de la douane qui aura reçu la déclaration indiquée dans l'article précédent, fera, conjointement avec le commissaire de police qui sera requis à cet effet, et les deux principaux préposés des douanes du port, subir, séparément, à chacun des hommes de l'équipage et passagers, l'interrogatoire prescrit par l'art. 2 du décret du 23 novembre 1807. (*Art.* 2.)

Indépendamment de ces formalités, les navires ne peuvent être admis avant la décision de S. M. (*Circul. du* 19 *février* 1811.)

Sont exceptés les bâtimens napolitains et espagnols faisant le commerce autorisé par le décret du 28 août 1810 (*id.*). V. ce décret, à l'article *Cabotage entre les ports français et les ports napolitains ou espagnols.*

Les navires munis de *licences impériales*, sont admis sous les seules conditions imposées par ces *licences*.

Prohibition résultant de l'acte de navigation.

En conséquence des dispositions de l'art. 3 *de l'acte de navigation*, les bâtimens étrangers ne sont admissibles qu'avec des denrées et marchandises du crû du pays auquel ils appartiennent. Toutes autres qu'ils auraient à bord, si elles ne sont pas, par leur nature ou leur origine, soumises à la saisie ou au séquestre, doivent être réexportées immédiatement par les mêmes bâtimens.

Ainsi, des cotons du Levant importés de Naples, Venise, Ancône, Trieste, ou de tous ports autres que ceux des états qui les ont produits, par bâtimens étrangers qui ne dépendraient pas de ces états, ne peuvent être introduits, et doivent être réexportés par les mêmes navires.

Cet exemple s'applique à toute marchandise quelconque. (*Circulaires des 7 juillet et 10 septembre* 1810.)

LIBRAIRIE IMPORTÉE DE L'ÉTRANGER.

Le droit de 50 pour $\frac{0}{0}$ établi par le décret impérial *du 5 février* 1810, sur les livres imprimés à l'étranger en langue latine ou en langue française, est fixé à 150 fr. pour cent kilogrammes. (*Décret du* 14 *décembre* 1810, *art.* 1er.)

Les ouvrages nationaux ou leurs traductions en langue étrangère, et qui sont imprimés à l'étranger, seront assujettis au même droit (*Art.* 2.)

Les ouvrages composés par des étrangers en langue étrangère, et imprimés hors de France, ne seront soumis qu'à un simple droit d'estampillage de 2 cent. par kilogramme (*Art.* 3.)

Les livres imprimés en France et revenant de l'étranger, ne seront soumis qu'au droit de la balance du commerce (*Art.* 4.)

Ces droits seront perçus par les receveurs des douanes, et versés par eux, comme fonds spécial, à la caisse d'amortissement. (*Art.* 5.)

Les livres introduits en fraude du droit, à l'aide d'un faux frontispice, seront confisqués; et les auteurs de la fraude seront poursuivis et punis conformément aux dispositions de l'art. 287 du code pénal. (*Art.* 6.)

Les contraventions aux dispositions énoncées ci-dessus, seront constatées, et poursuivies comme il est prescrit par la section 2 du tit. 7 du décret du 5 février (*art.* 7); voyez ci-après.

Aucun livre imprimé ou réimprimé hors de la France,

ne pourra être introduit en France, sans une permission du directeur général de la librairie, annonçant le bureau de douane par lequel il entrera. (*Décret du 5 février 1810, tit. 5, art. 36.*)

En conséquence, tout ballot de livres venant de l'étranger, sera mis, par le préposé des douanes, sous corde et sous plomb, et envoyé à la préfecture la plus voisine (1). (*Art. 37.*)

Si les livres sont reconnus conformes à la permission, chaque exemplaire ou le premier volume de chaque exemplaire, sera marqué d'une estampille au lieu du dépôt provisoire ; et ils seront remis au propriétaire. (*Art. 38.*)

Si un livre étant imprimé à l'étranger, est présenté à l'entrée sans permission, ou circule sans être estampillé, il y aura lieu à confiscation et amende au profit de l'état, sans préjudice des dispositions du code pénal. (*Art. 41.*)

Les délits et contraventions pour les livres venant de l'é-

---

(1) La perception du droit de 150 fr. par quintal métrique, ou de celui d'estampillage, n'a lieu qu'après la vérification des livres, et sur la représentation du bulletin délivré par l'inspecteur de la librairie, que le préfet a chargé de les vérifier : ce bulletin sera relaté dans l'acquit de paiement. (*Cir. du 2 janvier 1811.*)

Ces deux droits ayant une destination particulière, ne dispensent pas du paiement des droits ordinaires de douane. (*Même circ.*)

La faculté d'importation est restreinte aux bureaux et aux préfectures correspondantes, ci-après désignés ; savoir :

Pour la préfecture des Bouches du Rhin, *Nimègue* ; pour celle de la Roër, *Cologne* ; de Rhin et Moselle, *Coblentz* ; du Mont-Tonnerre, *Mayence* ; du Bas-Rhin, *Strasbourg* ; du Haut-Rhin, *Bourg-Libre* ; du Léman, *Genève* ; de la Sésia, *Verceil* ; de Gênes, *Gênes* ; de Rome, *Rome* et *Terracine* ; de la Méditerranée, *Livourne* ; de l'Arno, *Borgo-San-Sepolchro* et *Pieve-San-Stephano* ; des Bouches-du-Rhône, *Marseille* ; des Basses-Pyrénées, *Bayonne* ; de la Gironde, *Bordeaux* ; de la Loire-Inférieure, *Nantes* ; du Morbiban, *l'Orient* ; du Calvados, *Caen* ; de la Seine-Inférieure, *le Hâvre*, *Rouen* et *Dieppe* ; du Pas-de-Calais, *Calais* ; des Deux-Nèthes, *Anvers* ; du Golo, *Bastia* ; de Liamone, *Ajaccio*. (*Circ. du 3 juin 1810.*)

Les livres destinés pour Paris sont adressés, sous plomb et acquit-à-caution de la douane d'entrée, à celle de Paris ; les vérificateurs de ce bureau constatent l'état des corde et plomb de chaque caisse ou ballot, par un certificat inscrit au dos de l'acquit-à-caution qui y est relatif, et que vise le receveur.

Ces caisses ou ballots sont ensuite conduits à la direction générale de la librairie, sous l'escorte d'un préposé de brigade. (*Circ. du 18 juin 1810.*)

Les frais de plombage, d'acquit et de transport, doivent être payés par le voiturier à qui les caisses ou ballots sont remis. (*Circ. du 20 avril 1810.*)

Les livres que les voyageurs portent avec eux pour leur usage, sont dispensés tant de l'autorisation spéciale d'entrée, que de l'obligation du transport direct au chef-lieu de la préfecture voisine.

Ils peuvent être admis immédiatement sur la déclaration que feront les voyageurs, que les livres qu'ils apportent sont pour leur usage ;

k

tranger, seront constatés par les inspecteurs de l'imprimerie et de la librairie, les officiers de police, et en outre par les préposés aux douanes.

Chacun dressera procès-verbal de la nature du délit et contravention, des circonstances et dépendances, et le remettra au préfet de son arrondissement, pour être adresssé au directeur général. (*Même décret, tit.* 7, *sect.* 2, *art.* 45.)

Les objets saisis seront déposés provisoirement au secrétariat de la mairie, ou commissariat général de la sous-préfecture ou de la préfecture la plus voisine du lieu où le délit ou la contravention seront constatés, sauf l'envoi ultérieur à qui de droit. (*Art.* 46.)

Les procureurs généraux ou impériaux seront tenus de poursuivre d'office, sur la simple remise qui leur sera faite d'une copie des procès-verbaux duement affirmés. (*Art.* 47.)

PÊCHE FRANÇAISE.

Ses produits sont essentiellement exempts des droits d'entrée, quel qu'en soit l'objet ; mais leur origine doit être constatée par une expédition française, et le retour direct.

Cette franchise est applicable au *corail* provenant des pêches faites par les navires armés dans les ports de la ci-devant Ligurie (*lettres des* 12 *novembre* 1807 *et* 19 *janvier* 1808) ;

A la pêche du *thon* faite par les sujets du même pays, sur les côtes de la Sardaigne, sous les mêmes conditions que les produits des autres pêches françaises. (*Loi du* 7 *septembre* 1807, *art.* 11.)

Les capitaines ou armateurs seront tenus de faire, à la douane du lieu de leur départ, ou à la plus prochaine, la déclaration de leurs navires, de leur contenance, de leur avituaillement, et de la destination pour la pêche du thon, avec soumission de revenir au port qu'ils indiqueront. (*Même loi, art.* 12.)

Au retour, ils déclareront les produits de leur pêche ; ils

---

ils en remettront le catalogue à la douane, avec promesse écrite et signée d'eux, de ne pas s'en défaire. On retiendra les exemplaires doubles qui annonceraient un objet de commerce. (*Lettre de M. le directeur général de la librairie, du* 26 *mai* 1810, *et circulaire de M. le directeur général des douanes, du* 30 *du même mois.*)

Les livres importés par les bureaux où il existe des entrepôts, peuvent y jouir de cette faculté, sous la condition, en cas de destination définitive pour l'intérieur, d'être expédiés pour le chef-lieu de préfecture désigné. (*Circul. du* 9 *août* 1810.)

Pour la librairie venant du royaume d'Italie ; voyez l'article qui concerne ce royaume.

en justifieront par le certificat, soit des autorités fran‑
çaises, soit, à leur défaut, des magistrats du lieu où
les bâtimens ont abordé en Sardaigne ; et les déclarations
seront vérifiées sur les journaux de bord présentés à
l'appui, relatant les événemens et les opérations de la
pêche. (*Art.* 13.)

PÊCHE ITALIENNE.

Ses produits ne doivent, à leur entrée en France, que la
moitié des droits du tarif. (*Traité du* 20 *juin* 1808, *art.*
11.)

~~~~~~

DROITS DE SORTIE,

ET QUOTITÉ DE CES DROITS

NON COMPRIS LE DÉCIME PAR FRANC.

Nota. Le droit énoncé se perçoit par quintal décimal, quand il n'est pas exprimé qu'il est dû au kilogramme (qui est la livre métrique), au nombre, par tête ou pièce, ou à la valeur; au brut, quand il n'est pas spécifié que c'est au net.

Les productions non comprises dans ce tarif, doivent 15 centimes pour 100 francs de valeur. (Loi du 24 nivose an 5.)

A.

	fr	c.
Aciers et fers non ouvragés , à l'exception des fontes en gueuse (*loi du 9 floréal an 7*).......		50

Agneaux ; comme moutons. V. ce dernier mot.

Alquifoux ; prohibé , comme Mine métallique.

    Mais celui provenant des mines de Bleiberg et Geemand , département de la Roër , et de Berngastel , département de la Sarre , peut sortir étant accompagné du certificat des propriétaires , visé par le maire de la commune où la mine est située. (*Décisions des 3 messidor an 10, et 12 thermidor an 12 , rappelées par lettre de M. le directeur général , du 27 septembre 1810.*)

Alun (*Sulfate d'alumine* NN.), (*loi du 24 nivose an 5);*

	fr	c.
Par le département de la Roër (1).........	1	2
Par les autres départemens.................	2	4

Amidon et poudre à poudrer , dont la prohibition a été ordonnée *les 15 floréal an 8 et 27 pluviose an 10,* peuvent sortir par toutes les frontières

---

(1) En accompagnant l'envoi d'un certificat d'origine du département de l'Ourthe, délivré par le maire ou autre magistrat. (*Décision du 8 fructidor an 8.*)

de terre, et par les ports ouverts à l'exportation des grains, en payant, conformément à la *loi du 24 nivose an 5*, par quintal, 2 fr. 4 c. (*Lettres du ministre de l'intérieur, des 14 mars, 17 octobre et 6 décembre 1806.*)

Amurca ou Marc d'olive..................... 1 2

Anes et ânesses; par tête.......................   25

Ardoises, par les départemens réunis correspondant à ceux du Nord et des Ardennes (*loi du 1er août 1792*); le mille en nombre............ 1

Armes (*loi du 19 thermidor an 4*); prohibées.

> Cette prohibition comprend toute espèce de fusils et pistolets, quelques ornemens qu'ils aient reçus, soit qu'ils soient montés ou en pièces détachées (*ordres du ministre de la guerre, des 23 ventose et 4 prairial an 12, et lettre de celui des finances, du 5 thermidor suivant*);
>
> Les fusils à vent (*ordre du ministre de la guerre, du 20 fructidor an 13*);
>
> Les fusils dits *de traite*, lesquels ne peuvent sortir, jusqu'à la paix générale, sans une autorisation du ministre de la guerre (*loi du 30 avril 1806*);
>
> Les armes blanches, de quelque espèce qu'elles soient, enrichies ou sans ornement. (*Lettre du ministre de la guerre, du 21 mars 1806*).
>
> > Cette dernière disposition ne s'étend point aux fleurets, même non montés. (*Lettre du 1er juin 1807.*)

Armes de luxe de la fabrique de Liége, peuvent être exportées, à la charge de ne point excéder le calibre de 22 à la livre; d'être revêtues, sur le canon, de la marque EX, et de sortir par l'un des bureaux d'Anvers, Venloo, Cologne et Verceil (*loi du 1er pluviose an 13*).

> Elles devront acquitter (*loi du 30 avril 1806*); à la valeur........................ 5 p. $\frac{3}{4}$
>
> Cette exception n'est applicable qu'à celles de ces armes qui seront complettes. (*Décision du ministre de la guerre, du 24 vendémiaire an 14.*)
>
> *Nota.* Les armes du commerce n'auront jamais le calibre de guerre, et pourront être regardées comme appartenant au gouvernement, et être saisissables par lui, si leur calibre n'est pas au moins à 2 millimètres au-des-

sus ou au-dessous de ce calibre, qui est o
mèt. 0177 (7 lignes 9 points); excepté les
armes de *traite*, qui ne doivent jamais circuler en France, mais dont les dépôts doivent être faits dans les ports de mer. (*Décret du 14 décembre 1810, article 2.*)

B.

BARILLETS ou barillettes, servant à mettre les an-
chois; Voyez Futailles.
Basins; V. Etoffes.
Bateaux et Nacelles ne peuvent être assimilés aux
navires; la sortie en est permise. (*Décision du
17 messidor an 6.*)
Batistes et Linons; V. Toiles.
Beurres, autres que ceux ci-après (*loi du 22 ventose an 12*); prohibés.
Beurres par les départemens de la Manche, du
Calvados, de la Seine-Inférieure, de la Somme,
des Deux-Nèthes, et autres départemens maritimes de l'ancienne France (*décret du 3 octobre
1810*); le kilogramme...................... 15
Idem, par les départemens réunis en 1810 (*même
décret*); le kilogramme...................... 20
   Néanmoins l'exportation s'arrêtera lorsque les
   prix s'élèveront, savoir : dans le département des *Bouches-de-la-Meuse*, et sur les
   marchés de *Leyde* et de *Delft*, à 2 fr. le kilogramme; et dans les départemens de la
   Manche, du *Calvados*, de la *Seine-Inférieure*, de la *Somme*, des *Deux-Nèthes*,
   et autres départemens maritimes, à 1 fr.
   50 c. (*Même décret.*)
Bœufs, sauf l'exception ci-après (*loi du 19 thermidor an 4*); prohibés.
Bœufs pour l'Espagne, la partie de la Suisse qui
confine au ci-devant département du Mont-
Terrible, et par les départemens de la 27ᵉ division militaire (*loi du 30 avril 1806*); par tête. 12
Bois de construction navale et civile; Bois merrain
et tous autres, sauf les exceptions ci-après (*lois
des 15 mars 1791 et 22 ventose an 12*); prohibés.
Bois de pin et sapin des départemens frontières
d'Espagne, dont la loi du 22 ventose an 12 per-

fr. c.

met la sortie, payent *conformément à la loi du 24 nivose an 5*, savoir : les planches de *dix pieds et au-dessous ;* le mille en nombre.....   6 25

       Les poutres *de la même dimension ;* la pièce..........................   13

       Les solives, *idem ;* la pièce..........   3

       Les autres espèces ; à la valeur........   5 p. $\frac{0}{0}$

       Le tout à condition de sortir par les ports depuis Bordeaux jusqu'à St-Jean-de-Luz, et par le Port-Vendres. (*Circulaire du 19 vendémiaire an 13*).

Bois de pin et sapin des rives du Rhin, de la Lys et de l'Escaut (*loi du 22 ventose et circulaire du 23 germinal an 12*); à la valeur..........   5 p. $\frac{0}{0}$

       Le département des Vosges peut être compris parmi ceux du Rhin (*lettre du 4 septembre 1806*).

Bois de pin et sapin des rives de la Meuse (*décret du 28 mars 1807, et lettre du 15 avril suivant*); à la valeur.............................   5 p. $\frac{0}{0}$

Bois en planches ou autrement ouvrés, ne pouvant servir à la construction navale, sortant des départemens des Vosges, des Deux-Nèthes, de la Meuse-Inférieure, de l'Ourthe, des Forêts et de la Moselle, de la vallée de Lucelle, du canton de Gex et du Mont-Blanc (*loi du 24 nivose an 5*); à la valeur........................   5 p. $\frac{0}{0}$

Bois à la poignée, depuis Saint-Gingolph jusqu'à Thonon inclusivement (*même loi*); à la valeur.   5 p. $\frac{0}{0}$

Bois à brûler pour l'Espagne, par mer et par le seul port de Saint-Jean-de-Luz (*décret du 31 mai 1808*); 4000 stères par année, en payant le droit de balance, outre celui de 25 centimes, par stère, perçu au profit de l'hospice de Saint-Jean-de-Luz.

Bois de chauffage des Etats de Parme et Plaisance, pour le royaume d'Italie (*loi du 12 janvier 1810, art. 6*); à la valeur.....................   5 p. $\frac{0}{0}$

       L'exportation doit s'effectuer par le Pô. (*Même loi, art. 7.*)

Bois de marqueterie, de tabletterie, de buis, d'éclisses, feuillards (*loi du 19 thermidor an 4*); à la valeur............................   4 p. $\frac{0}{0}$

Bois de teinture en bûches (*loi du 24 nivose an 5*); comme Bois de marqueterie.

Bois de teinture moulus (*loi du 1er pluviose an 13*); le droit de balance.

fr.   c.

Bonneteries (*décret du* 31 *juillet* 1810);

de fil , de coton , ou de fil et coton , fines......   1   50

idem , ordinaires.........................   1   10

de laines { fines............................   1   40

            { ordinaires.   1

de poil.   1   20

de soie.   2

de soie mêlée en poil , fil , coton ou laine......   1   25

de filoselle et fleuret.....................   1   15

Bonnets à poil ; V. Chapeaux.

Bougie ; V. Cire blanche.

Bougrans ; V. Toiles.

Bouteilles et barbues , quoique pleines de vin ou de liqueurs (*circulaire du* 3e *complémentaire an* 5); le droit de balance.

Bourre ou ploc de toutes sortes...............   4   8

Bourre rouge et autres à faire lit.............   6   12

Bourre nolisse.........................   6   12

Bourre tontisse.........................   8   16

Bourre de chèvre et de laine..................   12   24

Brai et goudron (*loi du* 30 *avril* 1806);

Par navire français et par terre.............   1

Par navire étranger.....................   2

Brou ou Ecorce de noix.....................   3   6

C.

Cacao et café ; V. l'art. *Denrées coloniales.*

Caillou à faïence ou porcelaine (*loi du* 1er *août* 1792.   51

Calmouks ; V. Draperies.

Caractères d'imprimerie (*décision du* 12 *germinal an* 7)..........................   4   8

Cardes à carder , peuvent sortir en payant le droit de balance. (*Décisions des* 5 *août* 1808 *et* 23 *juin* 1810.)

Ce qui s'applique aux garnitures de cardes destinées pour les mécaniques. (*Lettre du* 7 *janvier* 1811 , *à la douane de Paris.*)

Cartons gris ou pâtes de papier ; prohibés.

Cartons en feuilles , autres que ceux ci-après (*loi du* 19 *thermidor an* 4); prohibés.

Cartons fins à presser les draps (*loi du* 22 *ventose an* 12); à la valeur.....................   1 p. $\frac{o}{o}$

Cendres de toutes sortes , même celles d'orfévre

lessivées (*loi du 19 thermidor an 4*); prohibées.
Les fabricans de savon des départemens du
Mont-Tonnerre et de Rhin-et-Moselle ;
peuvent exporter sur la rive droite du Rhin
les cendres lessivées provenant de leur fabrication, en payant le droit de balance (*loi
du 1er pluviose an 13*).

Chairs salées ; V. Viandes.

Chandelles (*loi du 24 nivose an 5*)................ 2 55

Chanvres, même ceux provenant des départemens
du Rhin (*loi du 22 ventose an 12*); prohibés.

Chapeaux (*décret du 31 juillet 1810*); la pièce :
de castor, poil et laine, fins.................. 1 20
de poil et laine, et demi-castor.............. 15
de poil et laine, communs................... 10
de paille, d'écorce de bois et sparterie, schakos
et bonnets à poil........................... 5

Charbon de bois, sauf les exceptions ci-après (*loi
du 19 thermidor an 4*) ; prohibé.

Charbon de bois par les Deux-Nèthes, la Meuse-
Inférieure, la Vallée de Lucelle et le pays de
Gex (*même loi*); à la valeur................. 5 p. ⅜

Charbon de bois, par les départemens qui avoisi-
nent le Rhin (*loi du 30 avril 1806*); à la valeur. 10 p. c.

Charbon de bois des communes de *Sarre*, d'*Urugues* et de *Briaton*, frontières d'Epagne. Ces
communes continuent à jouir de la faculté qui
leur avait été accordée par les *arrêtés des 18 floréal an 4 et 15 frimaire an 6*, d'exporter les charbons provenant des bois des coupes réglées de
leurs territoires, et des arbres situés sur les mon-
tagnes des Pyrénées ; savoir : les communes de
Sarre et d'*Urugues*, jusqu'à concurrence de 400
quintaux par an, et celle de *Briaton*, de 200
quintaux, en acquittant, pour droit de sortie,
2 fr. par char, et 1 fr. 50 c. par charrette. (*Loi
du 30 avril, art. 21.*)

Charbon de bois, par les bureaux du Tibre (*Décret du 23 avril 1810*); à la valeur.......... 5 p. ⅜.

Charbon de bois de chauffage, de la rive gauche
du même fleuve (*décret du 30 juillet 1810*); le
même droit.

Charbon de terre ou Houille (*loi du 24 nivose an 5*):
Par l'Escaut ou par mer ; le tonneau de mer
de 10 quintaux 77 livres................. 75
Par terre ; le mille pesant............... 1 2

l

fr.   g.

Charbon de terre du pays de Nassau (*lettres des 29 frimaire et 3 ventose an 7*); le mille pesant.   10

Charbon de terre par les bureaux du Tibre (*décret du 23 avril 1810*); à la valeur...............   5 p. $\frac{2}{8}$

Chardons à drapiers et bonnetiers.............   6   12

Châtaignes ; V. Marrons.

Chaux (*loi du 30 avril 1806*).................   15

Chevaux, jumens et poulains (*loi du 19 thermidor an 4*); prohibés (1).

Chèvres (*même loi*); prohibées.

Chiffes, chiffons de laine et de toile de coton ; V. Drilles.

Chocolat (*loi du 24 nivose an 5*).............   51

Cire blanche (*même loi*)...................   1   2

     La bougie ne doit que le droit de balance (*Lettre du 9 frimaire an 8.*)

Cire jaune (*même loi*)......................   10   20

Clapons ; V. Matières, etc.

Cloches (*lettre du 13 nivose an 9*)............   1   2

Clouterie en fer et acier seulement(*loi du 9 floréal*)   50

Cochenille (*loi du 24 nivose an 5*)............   1   2

Cochons (*loi du 30 avril 1806*); par tête.......   3

Colombine ; V. Matières, etc.

Corail non travaillé, quelle qu'en puisse être l'origine (*lettre du ministre de l'intérieur, du 30 janvier 1807*); prohibé.

Cordages usés ; prohibés.

Cornes de bétail ; V. Os.

Cornes rapées ; V. Matières, etc.

Côtes de feuilles de tabac (*loi du 30 avril 1806*)..   1   50

Cotons en laine (*loi du 12 janvier 1810*); prohibés.

Cotons filés (*loi du 1er pluviose an 13*); le droit de balance.

Couperose (*loi du 19 thermidor an 4*).........   4   8

Couvertures de coton (*décret du 31 juillet 1810*).   1   40

Couvertures de laine (*même décret*)..........   1   25

Cuirs en poil (*loi du 19 thermidor an 4*); prohibés.

     Ceux venus de l'étranger peuvent être réexportés dans les six mois de l'arrivée, en payant 10 c. la pièce (*Loi du 24 nivose an 5.*)

Cuirs en vert (*loi du 19 thermidor*); prohibés.

---

(1) Pour assurer le maintien de cette prohibition, le conducteur d'un cheval, monté ou attelé, qui ira à l'étranger, fournira soumission cautionnée de ramener ledit cheval dans un délai qui ne pourra excéder deux mois, à peine d'en payer la valeur. (*Loi du 9 floréal an 7.*)

Cuirs tannés non corroyés, quand ils sont susceptibles de l'être (*loi du 22 ventose an 12*); prohibés.

> La tannerie imprimant aux cuirs forts de bœuf
> et de vache, toute la main-d'œuvre qui leur
> convient, la sortie en est permise; à l'ex-
> ception de ceux qui pèseraient moins de
> 21 liv., poids de marc, la pièce. (*Lettres
> du ministre de l'intérieur, des 5 fructidor
> an 11, 18 vendémiaire an 12 et 5 pluviose
> an 13.*)
> Ils ne doivent que le droit de balance. (*Cir-
> culaire du 9 messidor an 12.*)
> Les Cuirs destinés à la reliure des livres
> peuvent également sortir, moyennant le
> droit de balance. (*Lettre du même ministre,
> du 7 messidor an 12.*)

Cuivre non ouvré (*loi du 19 thermidor an 4*); proh.

Cuivre ouvré (*loi du 24 nivose an 5*).........   4   8

Cuivres laminés pour doublage des vaisseaux et à
fond de chaudière, barres à cheville, clous de
cuivre rouge durcis au gros marteau, clous de
cuivre allié pour doublage et pentures de gouvernail (*loi du 8 floréal an 11*); le droit de balance.

D.

Derle ou Terre de porcelaine................   1   2

Draperies (*décret du 31 juillet 1810*) :

fines ou de fabrique de 1ere classe; telles que
Louviers, Sedan, Abbeville.............   3

fines, de fabriques du Languedoc, ou draps dits
londrins...............................   2   50

d'Elbeuf................................   2   25

ordinaires, ou de fabriques de second ordre...   2

petites, ou étoffes de laine fine.............   1   50

petites, ordinaires.......................   1   10

en étoffes de laine commune; telles que ratinés,
calmouks, etc........................   1

Draps de coton; V. Étoffes.

Drilles ou Chiffes, et toutes matières propres à
la fabrication du papier et de la colle (*lois des
3 avril 1793 et 19 thermidor an 4*); prohibées.

> Ce qui comprend les chiffons de toile de coton
> et de laine (*loi du 1er pluviose an 13*);
> Les filets vieux (*circulaire du 20 floréal an 10*);

fr.   c.

Les papiers vieux et les rognures de papier.
(*Lettres des 26 thermidor an 13 et 13 août*
1808.)

E.

EAU-DE-VIE (*loi du 19 thermidor an 4*); le muid
(268 lit. $\frac{1}{10}$e),...........................   25
Écaille d'ablette,...........................   4   8
Écorce de noix ; V. Brou.
Écorce de pin moulue ; peut sortir en payant le
droit de la balance du commerce (*Lettre du 3o
octobre 1810 au directeur de Gênes.*)
     Cette écorce sert uniquement à la teinture
     des filets pour la pêche, auxquels elle donne
     une couleur rougeâtre foncée ; elle n'est
     propre, en aucune manière, à faire le tan.
Écorces à tan ; prohibées.
Écorces de tilleul pour cordages.............   8   10
Espèces ; V. Numéraire.
Esprit de térébenthine ; c'est l'essence. (*Lettre à
Parme, du 22 janvier 1810.*)
Essandoles (*loi du 1er août 1792*); comme bois
d'éclisses.
Essence de térébenthine et térébenthine en pâte
(*loi du 24 nivose an 5*)..................   51
Étain non ouvré (*loi du 19 thermidor an 4*); pro-
hibé.
Étain ouvré (*loi du 24 nivose an 5*).........   5   10
Étoffes (*décret du 31 juillet 1810*) :
     riches, en or et argent..................   3
     riches, mélangées d'or, d'argent et de soie...   2   50
     de soie de toutes sortes................   »
     mélangées de soie, fil, coton ou laine........   1   50
     de fleuret, filoselle et bourre de soie........   1   25
     de poil et laine mêlés..................   1   20
     de fil et coton.......................   1   10
     de coton, *fines*, telles que basins, piqués.....   1   60
     de coton, *ordinaires*, telles que velours et draps.   1
     de laine ; V. Draperies.
Étoupes de chanvre (*circulaire du 23 germinal
an 12*); comme Chanvre.

F.

FARINES (*lois des 19 thermidor an 4 et 26 ventose
an 5*); prohibées.

Elles suivent, pour les exceptions à la prohibi-
  tion, le régime des grains dont elles sont
  extraites. (*Décision du 25 messidor an 12,
  et lettre du 14 janvier 1808.*)
Ferraille et vieux fer ; prohibés.
Fer blanc (*loi du 24 nivose an 5*)............   2   55
Fers en gueuse (*même loi*)................   5   10
Fers de toute autre espèce ; V. Aciers.
Feuilles de myrte, et autres propres à la teinture
  et aux tanneries......................   20   40
Fil de cuivre pur (*lettre du 4 mai 1807*); comme
  Cuivre ouvré.
Fil de fer (*loi du 9 floréal an 7*)............   50
Fil de laiton noir (*lettre du 4 mai 1807*); comme
  Cuivre ouvré.
Fils de lin et de chanvre, retors, autres que de mul-
  quinerie et de linon (*loi du 19 thermidor an 4*).   2   55
Fil simple................................   20   40
Fils de mulquinerie et de linon (*loi du 19 thermi-
  dor an 4*); prohibés.
Filets vieux ; V. Drilles.
Fleurets ; V. Armes.
Foin, par le ci-devant pays de Gex. (*Loi du 24
  nivose an 5.*)
  Par charriot   50
  Par charrette   25
Foin, par le département de Rome, pour le royaume
  de Naples. (*Décret du 2 avril 1810.*) *Idem.*
Fourrages (*loi du 19 thermidor*); prohibés, sauf
  les exceptions ci-dessus ; V. Foin.
Forces à tondre les draps (*même loi*); la pièce..   3
Fouets (*même loi*); comme Harnais.
Fromages (*loi du 30 avril 1806*)............   1
Froment perlé ; V. Grains.
Fumier ; V. Matières, etc.
Fusils ; V. Armes.
Fustet en feuilles ou branches..............   2   4
Futailles vides ou en bottes (*loi du 19 thermidor*);
  prohibées.
  Les tonneliers de Mayence peuvent exporter
    un nombre de futailles proportionné à la
    quantité de bois merrain qu'ils tirent de
    l'étranger. Le bois merrain qui est im-
    porté, et les futailles qui sont exportées,
    ne paient que le droit de balance. (*Loi du
    1er. pluviose an 13, art. 16.*)
  La sortie des barillets a lieu par les bureaux

fr. c.

dépendans de la direction de Gênes , en payant le droit de balance. (*Décision du ministre des finances , du 9 septembre 1805.*)

G.

GALONS , ganses, jarretières et franges ; V. Passementerie.

Gants de peau ; V. Ouvrages.

Gaude ou herbe à jaunir (*loi du 22 ventose an 12*).   10

Gazes et Marli de soie (*décret du 31 juillet 1810*).   2   50

Gazes et Marli de soie et fil , ou de soie et coton (*même décret*).........................   1   25

Gland , par le ci-devant état de Parme (*décision du ministre de l'intérieur , du 28 novembre 1806*); prohibé.

Gommes (*loi du 19 thermidor an 4*)...........   10   20

Goudron ; V. Brai.

Graine d'Avignon ou graine jaune , et grainette d'usage en teinture.......................   10   20

Graines grasses (*loi du 19 thermidor an 4*) ; prohibées.

> On ne peut leur assimiler les noix ; la sortie en est permise (*lettre du 25 février 1807*).   3   6

Graine de jardin (*loi du 1er août 1792*)........

> Ce qui comprend toutes semences de légumes et de fleurs. (*Lettre du 27 brumaire an 8 , au directeur de Genève.*)

Graine de luzerne (*même lettre*); comme Graine de trefle.

Graine de mil ou millet (*lettre du ministre , du 27 vendémiaire an 7*); comme Graine de jardin.

Graines de prairies (*circul. du 7 prairial an 8*); comme graine de trefle.

Graine de spergule (*lettre à Clèves , du 16 thermidor an 4*); idem.

Graine de trèfle (*loi du 30 avril 1806*)..........   8

> Sous cette dénomination sont comprises toutes graines et semences de pâturages. (*Lettre du 22 frimaire an 14.*)

Grains de toutes sortes (sauf les exceptions , qui varient) (*lois des 19 thermidor et 26 ventose*); prohibés.

> Ce qui s'applique à la graine de vesce , nommée aussi Jarosse (*décision du 2 complémentaire an 7*).

Au froment perlé (*décision du 23 mai 1806*).
Pour les grains venus de l'étranger, et déclarés par entrepôt, V. cet article, aux Observations.

Graisses, excepté celle ci-après (*loi du 19 thermidor an 4*); prohibées.

Graisse d'asphalte, nommée aussi Huile bitume
minéral; la sortie en est permise, en payant le
droit de balance (*décision du 6 ventose an 5*).

Gravelle ou Tartre de vin.................... 7   14

Grenadier (écorce de)...................... 2   55

Grignon (*loi du 1er août 1792*); comme Amurca.

Groisil ou Verre cassé; prohibé.

Gruau d'avoine; peut sortir, en payant le droit
de balance (*lettre du 13 mai 1806*).

Gypse; V. Matières servant à l'engrais des terres.

H.

Harnais de luxe et selles (*loi du 24 nivose an 5*);
à la valeur............................... $\frac{1}{2}$ p. $\frac{0}{0}$

Herbe à jaunir; V. Gaude.

Herbe de maroquin........................ 5   6

Herbes propres à faire la soude; V. Salins.

Herbes propres à la teinture, non dénommées dans
le chapitre des droits d'entrée et dans celui des
droits de sortie.......................... 10   20

Houate de coton (*loi du 1er pluviose an 13*); le
droit de balance.

Houate de soie (*lettre du 10 décembre 1807, à
Gênes*); comme bourre de soie.

Houblon (*arrêté du 9 frimaire an 9*); prohibé.
Mais l'exportation en est permise par le port
d'Anvers, en payant, conformément à la
loi du 7 septembre 1807, un droit de 5 fr.
par quintal. (*Lettre du ministre de l'intérieur, du 27 novembre 1807, et circ. du
5 décembre suivant.*)

Houille; V. Charbon de terre.

Huiles de graines, par les départemens réunis et
par les frontières de terre (*loi du 24 nivose*)... 2   55

Par les départemens qui bordent le Rhin (*décision du 16 fructidor an 7*); le même droit.

Par les autres départemens (*loi du 19 thermidor an 4*)............................... 6   12

	fr.	c.
Huile de faîne (*loi du* 19 *thermidor*)...........	6	12
Huile de noix (*même loi*)...................	6	12
Huiles d'olive et d'amande (*même loi*).........	10	20
Huile de poisson (*loi du* 8 *floréal an* 11.).....	2	50
Huîtres fraîches ; le mille en nombre...........		50

I.

JARDINAGE ; V. Légumes verts.
Indiennes ; V. Toiles.
Indigos (*loi du* 19 *thermidor an* 4) ; prohibés, sauf l'exception en faveur des Indigos étrangers , lesquels peuvent être réexportés dans les deux mois de l'arrivée, en justifiant du paiement des droits d'entrée.
Indique, espèce de pâte bleue qui se fabrique dans le département du Doubs (*décision du* 7 *ventose an* 5) ; prohibé,
Jumens ; V. Chevaux.

L.

LAINES filées propres à tapisseries (*loi du* 19 *thermidor an* 4)..............................	20	40
Laines filées d'autres sortes (*même loi.*).......	51	
Laines non filées, même celles en matelas pouvant servir aux fabriques (*même loi*) ; prohibées, sauf les exceptions ci-après.		
Laines non filées, étrangères, réexportées dans l'année de l'arrivée. (*Loi du* 24 *nivose an* 5.) A condition qu'elles auront été mises dans l'entrepôt réel du port d'arrivée, et qu'elles en seront expédiées directement pour l'étranger. (*Loi du* 30 *avril* 1806 , art. 28.)	2	4
Laines non filées des Etats Romains, pour le royaume d'Italie, par le bureau de Foligno, (*décret du* 10 *octobre* 1810, art. 17).............		5
Laiton non ouvré (*loi du* 19 *thermidor*) ; prohibé.		5
Laiton ouvré, autrement qu'en planches (*loi du* 24 *nivose an* 5.)...........................	4	
Légumes secs de toute sorte (*loi du* 19 *thermidor*) ; prohibés.		50
Légumes verts et jardinage (*loi du* 24 *nivose an* 5). Les navets et oignons y sont compris. (*Cir-*		

culaire du 22 messidor an 8, rappelée le
25 octobre 1810.)
Lie de vin............................... 2 4
Liége en planche (loi du 30 avril 1806.)...... 4
Lin, même peigné (loi du 19 thermidor); prohi-
hibé.

Linge vieux; V. Drilles.
Linons; V. Toiles.
Listonnerie; V. Passementerie.

M.

Malherbe, herbe pour la teinture............. 2 4
Mangauése; V. Mines métalliques.
Marc d'olives; V. Amurca.
Marly; V. Gazes.
Marrons et châtaignes, sauf l'exception ci-après,
(décision du ministre de l'intérienr, du 28 no-
vembre 1806.)........................... 2
Marrons et châtaignes, par la 27ᵉ division (dé-
cision du même ministre, du 9 janvier 1807);
le droit de balance.
Matelas (loi du 1ᵉʳ août 1792); comme les ma-
tières dont ils sont composés.
Pour ceux de laine, V. Laines non filées.
Matières d'or et d'argent; V. Numéraire.
Matières servant à l'engrais des terres, telles que
fumier, colombine, clapons, cornes rapées et
autres (loi du 1ᵉʳ août 1792); prohibées.
La sortie du gypse est tolérée par le département du Doubs (lettre du 2 floréal an 4.)
Matières propres à la fabrication du papier et de
la colle; V. Drilles.
Mâts et pièces de rechange, en justifiant, par les
capitaines étrangers, du besoin et des causes
qui le déterminent (décision du 7 nivose an 11);
à la valeur.............................. 5 p. 0/0
Maurelle en drapeaux; V. Tournesol.
Mélasses (décision du 28 fructidor an 8, et lettre
du 4 janvier 1806); le droit de balance.
Merceries fines, suivant les distinctions établies
au tarif d'entrée (décret du 31 juillet 1810).. 1 50
Merceries communes, idem, (même décret).. 1
Mérinos et métis; V. Moutons.

Merrain ; V. Bois.

Métal de cloche, comme composé de cuivre ou
étain (*décision du 27 vendémiaire an 6*); prohibé.

Métiers pour les fabriques (*loi du 19 thermidor
an 4*) ; prohibés.

 Ce qui comprend les outils et toutes les parties
 accessoires de ces métiers (*décision du ministre de l'intérieur, du 8 août 1806*); et
 non les cardes à carder. V. ce mot.

Meules de moulin , excepté celles ci-après (*loi
du 8 floréal an 11*); la pièce :

 Au-dessus de 1 mètre 949 millimètres....... 30

 Au-dessous de 1 mètre 949 millim. à 1 mètre
 297 millim........................... 20

 Au-dessous de 1 mètre 297 millim.......... 10

Meules de moulin provenant des carrières situées
dans les environs d'Andernach (*loi du 1er pluviose an 13*); à leur exportation par le Rhin :

 Celles de 1 mètre 297 millim. et au-dessus ;
 à la valeur.......................... 10 p. ¼

 Au-dessous de 1 mètre 297 mill., *idem*.... 5 p. ¼

Miel (*loi du 30 avril 1806*).............. 5

Mine de fer , brute et lavée ; prohibée.

Mines métalliques de toute autre sorte (*loi du 19
thermidor an 4*); prohibées.

 On ne peut comprendre sous cette dénomination la Manganèse (*Décision du 2 fructidor an
 4.*)

Mine de plomb , avec laquelle il ne faut pas confondre le Minium (*loi du 19 thermidor*); prohibée.)

Montres (*décision du 22 prairial an 5*); le droit
de balance.

 Si les boîtes sont exportées isolément , elles
 doivent comme ouvrages d'orfévrerie (*Lettre du 11 avril 1806.*)

Mouchoirs de fil de coton , et mélangés de fil
et coton (*décret du 31 juillet 1810*)......... 1 50

Mouchoirs de soie (*même décret*)........... 2

Mousselines unies et imprimées. (*Même décret*). 2 60

Mousselines brodées (*même décret*).......... 2 80

Moutons, dépouillés de leur laine , excepté les
mérinos ou *métis* , qui sont prohibés (*loi du
50 avril 1806*); par tête................. 1

 Nota. Sous la dénomination générique de *moutons* , on doit comprendre les agneaux, bre-

bis et béliers. (*Décisions des ministres de l'intérieur et des finances, des 19 frimaire et 12 nivose an 5, et arrêté du directoire, du 9 prairial suivant.*)

Mules et mulets (*même loi*); par tête....... 10

Munitions de guerre (*loi du 19 thermidor*); prohibées.

Munitions navales (sauf les Brais, Bois de pin et Mâts de rechange) (*même loi*); prohibées.

N.

Navets; V. Légumes verds.

Navires (*loi du 19 thermidor an 4*) sauf l'exception ci-après; prohibés.

Navires marchands construits pour le compte espagnol (*loi du 8 floréal an 11*); par tonneau... 15

 Ce droit ne s'applique point aux bâtimens dont la capacité n'excède pas 300 tonneaux; ils ne doivent que le droit de balance. (*Décret du 20 juillet 1808, art. 68.*)

 L'autorisation du ministre de la marine doit précéder. (*Circulaire du 7 prairial an 11.*)

Nerfs de bœufs et autres animaux............ 9 18

Noix; V. Graines grasses.

Numéraire, y compris les piastres et matières d'or et d'argent non ouvrées. (*Lois des 5 septembre 1792 et 19 thermidor an 4; arrêtés des 21 et 25 ventose an 11*); prohibé (1).

 Cette prohibition a été levée pour l'Italie. V. *Royaume d'Italie*, aux Observations.

---

(1) Les étrangers, autres cependant que les ambassadeurs et envoyés des puissances étrangères, sont assujettis à cette disposition. (*Loi du 5 septembre, art. 3.*)

Néanmoins les étrangers qui, en entrant en France, et en arrivant sur les frontières, ont fait constater la nature et la quotité des matières d'or et d'argent, monnayées ou non, dont ils sont porteurs, peuvent les emporter en quittant la France. (*Art. 4.*)

Les espèces étrangères des pays circonvoisins peuvent circuler d'une rive du Rhin à l'autre; mais cette exception ne s'étend point aux pias

O.

Œufs par mer (*arrêté du 8 pluviose an 10*) ;
  prohibés.

Oreillons ; prohibés.

Orge perlé et mondé peut sortir en payant le droit
  de balance (*Décision du 23 mai 1806.*)

Os, cornes et sabots de bétail (*décret du 4 janvier*
  1811) 10

Ouattes. V. Houattes.

Ouvrages de bijouterie (*loi du 24 nivose an 5*) ;
  à la valeur . . . . $\frac{1}{2}$ p. $\frac{1}{4}$

    Les diamans et pierreries devant seulement
      15 centimes par 100 fr. de valeur, le $\frac{1}{2}$ pour
      $\frac{0}{0}$ n'est exigible que sur la valeur de la mon-
      ture. (*Décision du 12 brumaire an 6.*)

    Par ouvrages de bijouterie, on ne doit enten-
      dre que ceux dans la composition desquels
      les métaux précieux entrent comme matière
      principale. Ainsi, les candelabres, vases et
      ornemens de cheminée, composés de bronze,

tres, ni aux pièces nommées *couronnes impériales, ducatons, couronnes, demi-couronnes, quart de couronne de Brabant, ducatons et demi-ducatons, quart et huitième de ducaton de la reine*, toutes d'argent, et à un bon titre. (*Circul. du 25 ventose an 11; lettre de Son Exc. le ministre des finances, du 27 messidor an 13, et circ. du 21 thermidor suivant.*

Tous capitaines de bâtimens neutres entrant dans les ports de France, sont obligés de représenter aux préposés des douanes le numéraire qu'ils peuvent avoir, pour jouir du droit de réexportation; à peine de confiscation de celui trouvé lors de la visite à la décharge ou au départ. (*Arrêté du comité des finances, du 11 frimaire an 3.*)

Les prisonniers de guerre étrangers, retournant dans leur patrie, peuvent sortir avec une somme qui n'excédera pas trois mois de leur solde. (*Arrêté du comité de salut public, du 15 fructidor an 3.*)

Mais les voituriers et tous les autres particuliers ne peuvent exporter de plus fortes sommes en numéraire, que celles qu'ils ont importées de l'étranger, et dont ils ont fait constater la quotité par une déclaration au premier bureau d'entrée (*Décision du 2 germinal an 4.*)

La prohibition n'empêche point les expéditions d'espèces et monnaies françaises ou étrangères, pour nos colonies orientales et occidentales. (*Lettre de Son Exc. le ministre du trésor public, du 27 ventose an 11.*)

Ni le *transit* à travers la France, des piastres que le gouvernement espagnol envoie dans les états du nord, pour les dépenses de ses légations et autres. (*Arrêté du 4 prairial suivant.*)

Mais, dans l'un et l'autre cas, la permission spéciale du ministre du trésor public est indispensable. (*Arrêtés des 9 germinal et 4 prairial an 11.*)

cuivre doré, etc., et les piédestaux dorés qui
ornent les pendules, n'appartiennent pas à
cette classe : les bronzes ne doivent que 1 fr.
2 c. ; les autres objets, que le droit de balance (*Lettre du 2ᵉ complémentaire an 5.*)

Ouvrages en acier et fer, non compris dans la
Quincaillerie. (*Loi du 9 floréal an 7*)........   50

Ouvrages en bronze (*loi du 24 nivose an 5*)....   1   2

Ouvrages en cuir, en maroquin et peaux maroqui-
quinées, et en souliers de femme (*même loi*) ;
à la valeur..................................   ½ p. ⅔
    Les souliers d'homme y sont compris. (*Lettre
      du 5 août* 1808.)

Ouvrages d'orfévrerie (1) (*même loi*) ; à la valeur.   1 p. ⅔

Ouvrages en peaux, consistant en culottes, vestes,
gilets et gants (*même loi.*).................   1   2

P.

Pains et biscuits (*décret du 15 août* 1793) ; prohibés.

    Ils suivent, pour les exceptions à la prohibi-
    tion, le régime des grains dont ils provien-
    nent. (*Lettre du 14 janvier* 1808.)

Pains ou tourteaux de navette, oliette, rabette, lin,
chenevis et colza (*loi du 22 ventose an* 12)....   4

Papier ordinaire (*loi du 24 nivose an 5*) ; à la valeur..   1 p. ⅔

Papier fin et papier mousse, à cartier et aux trois
lunes (*même loi*) ; à la valeur.............   ½ p. ⅔

Papiers vieux ; V. Drilles.

Parchemin brut (*décision du ministre de l'intérieur, du 11 floréal an 12*) ; prohibé.

Parchemin neuf..........................   12 24
    Ce droit n'est point applicable aux bandes de
    parchemin travaillé, dont on se sert pour
    mettre des étiquettes (*décision du 1ᵉʳ. dé-
    cembre* 1791) ; elles ne doivent, en consé-

---

(1) La restriction que l'*arrêté du 5 frimaire an 7* met à la sortie des
ouvrages d'or et d'argent par certains bureaux, n'établit point la prohi-
tion par tous autres : cet arrêté se rapporte à l'art. 25 de la *loi du* 19
brumaire an 6, qui accorde à l'exportation, le remboursement des deux
tiers du droit de garantie, et il remplit le vœu de l'art. 27, qui avait
chargé le pouvoir exécutif de désigner les bureaux de sortie. (*Lettre
du 2 mai* 1810.)

quence, que le droit de balance du commerce.

Passementeries et Listonneries (*décret du* 31 *juillet* 1810):

En galons, ganses, jarretières et franges de dorure fine. 2 50

En soie. 1 60

En fil, coton, laine, ou mélangées de ces matières. 1 20

En poil. 1

Pâtes de Gênes et Pâtes d'Italie; V. Vermicelli.

Pâtes de papier; V. Cartons gris.

Peaux d'agneaux apprêtées (*lettre du* 8 *mars* 1809, *à la Rochelle*); comme peaux passées en blanc ou mégie.

Peaux en basane, et peaux apprêtées pour la buffleterie (*lettre du* 25 *juillet* 1808) ; *idem.*

Peaux de castor (*loi du* 19 *thermidor an* 4); prohibées.

Peaux de chiens de mer, quoique non ouvrées, peuvent sortir en payant le droit de balance. (*Décision du ministre de l'intérieur, du* 9 *thermidor an* 5.)

Peaux de lièvres, de lapins blancs, roux, de toutes espèces et couleurs, crues; prohibées.

Peaux de loutre et peaux sauvagines (*loi du* 24 *nivose an* 5); à la valeur. . . . . 2 ½ p. ⅗

Peaux passées en blanc ou mégie, bronzées ou chamoisées (*même loi.*); à la valeur. . . . . 1 p. ⅗

Peaux en poil et autres, excepté les pelleteries (*loi du* 19 *thermidor an* 4); prohibées.

Cette prohibition comprend les peaux de chevreuil en poil. (*Décision du* 7 *nivose an* 11.)

Pennes de coton (*lettre du ministre de l'intérieur, du* 21 *mars* 1806). 1

Pennes de laine et de fil; prohibées.

Piastres; V. Numéraire.

Pierres à chaux (*lettre du* 18 *septembre* 1807); comme chaux.

Pierres à feu (*loi du* 8 *floréal an* 11); à la valeur. . . . . 1 p. ⅗

Cette dénomination comprend les pierres à fusil, comme à briquet et autres. (*Lettre du* 26 *septembre* 1806.)

Pistolets; V. Armes.

Plâtre (*loi du* 19 *thermidor an* 4); les 1565 liv. 1

Ce qui s'applique aux pierres à plâtre. (*Lettre du* 29 *janvier* 1808.)

Ploc ; V. Bourre.

Plomb non ouvré (*loi du* 19 *thermidor an* 4); Prohibé.

Celui des mines de Poullaouen, d'après un arrêté *du* 9 *thermidor an* 10, peut sortir par Morlaix, en payant le droit de balance.

Plomb ouvré (*loi du* 24 *nivose an* 5)   5   10

Poil en masse et non filé , de lapin , lièvre , castor , chameau , bouc , chèvre , chevreau et loutre. (*lois des* 15 *mars* 1791 *et* 19 *thermidor*); prohibé.

Poil de chien , même filé (*loi du* 19 *thermidor*); prohibé.

Poissons frais (*loi du* 24 *nivose an* 5); le droit de balance.

Poissons de toute autre sorte , exportés tant par terre que par mer (*lois des* 24 *nivose an* 5 *et* 2 *nivose an* 7)   1   2

Pommes de terre (*décision du* 7 *pluviose an* 8); prohibées.

Potasse ; prohibée.

La prohibition ne comprend pas le sulfate de potasse ; la sortie en est permise moyennant le simple droit de balance. (*Lettre du* 17 *octobre* 1807 , *à Cologne.*)

Poudres à poudrer ; V. Amidon.

Poudres à tirer (*loi du* 11 *mars* 1793); prohibées.

On en excepte la poudre de chasse, qui peut sortir étant accompagnée du passeport des administrateurs des poudres et salpêtres. (*Lettre du ministre des finances , du* 18 *brumaire an* 11.)

Poulains ; V. Chevaux.

Presses d'imprimerie, peuvent sortir en payant le droit de balance. (*Lettres des* 14 *mars et* 1er *avril* 1808.)

Q.

Quincaillerie (*décret du* 31 *juillet* 1810):

Fine en acier et cuivre   1   60

Ordinaire en fer et acier   1   20

Commune, uniquement en fer   1

R.

RATINES ; V. Draperies.

Récoltes , comprenant les grains , légumes secs
et fourrages (*loi du* 19 *thermidor an* 4) ; prohibées.)

> Les étrangers propriétaires en France ne peu-
> vent extraire en nature celles de leurs pos-
> sessions. (*Arrêté du directoire exécutif ,
> transmis par lettre du ministre , du 7 fruc-
> tidor an* 4 , dont le principe a été confirmé
> par lettres des ministres des finances et de
> l'intérieur , *des 8 et* 18 *thermidor an* 9 ,
> relatives à des habitans de la rive droite du
> Rhin.)
> Pour les Suisses, voyez l'article *Suisse* , aux
> Observations.

Redoul ou Rodoul (feuilles de)............   1   55

Régule d'antimoine ; la sortie en est permise , en
payant le droit de balance. (*Lettre du ministre
de l'intérieur , du* 11 *décembre* 1807.)

Résine ; comme Brai.

Riz ; comme les grains , sauf l'exception ci-après.

Riz , par la 27ᵉ division militaire (*loi du* 30 *avril*
1806) (1)............................   3

Rognures de papier ; V. Drilles.

Rubans (*décret du* 31 *juillet* 1810) :

    de soie.   2

    de filoselle , fleuret et bourre de soie....   1   40

    de laine....................................   1   20

    de fil écru , blanc ou teint.............   1

    de fil et laine mêlangés.................   1   10

S.

SABOTS de bétail ; V. Os.

Sabots uniquement de bois (*lettre du* 10 *octobre*
1810); le droit de balance.

Salins (*loi du* 19 *thermidor an* 4); prohibés.

> Cette dénomination comprend les herbes ser-
> vant à faire la soude , appelées vulgaire-

---

(1) Le produit de ce droit est versé dans la caisse d'amortissement,
pour être employé à des travaux publics (*même loi , art.* 23.)

fr. c.

ment *varecs* , *goëmons* , etc. , qui croissent
au bord de la mer, ou que ses îlots rejettent.
(*Lettre du* 3o *janvier* 1810.)
Salpêtre ou Nitre (*nitrate de potasse*) (*loi du* 13
fructidor an 5); prohibé.
Saucissons , dont la sortie a été permise par déci-
sion *du* 8 *prairial an* 9, doivent, comme viandes
salées , 4 fr. le quintal. (*Lettre du* 16 *mai* 1807.)
Schakots ; Voyez Chapeaux.
Schalls (*décret du* 31 *juillet* 1810);
    de soie. 1   80
    de coton. 1   50
    de laine. 2
Selles ; V. Harnais.
Semences de pâturages ; V. Graine de trèfle.
Semoule (*lettre du* 1ᵉʳ *juin* 1810); comme le ver-
micelli.
Siamoises ; V. Toiles.
Soies , autres que celles ci-après (*lois des* 19 *ther-*
midor an 4, 8 *floréal an* 11 , *art.* 7 , *et décret*
du 23 *germinal an* 13); prohibées.
Soies à coudre (1) , grenadine , rondelette et mi-
perlée , des départemens intérieurs de l'empire ,
le poids de chaque écheveau n'excédant pas trois
décagrammes (*loi du* 8 *floréal an* 11); la livre
net. 10
Soies cuites propres à faire de la tapisserie (*loi*
du 19 *thermidor an* 4); la livre net. 1   2
Soies provenant des départemens du Pô , de la Sésia, de la Stura , de la Doire , de Marengo , et
des arrondissemens qui en ont été détachés ,
peuvent, d'après la *loi du* 3o *avril* 1806, modi-
fiée par le *décret impérial du* 10 *octobre* 1810,
passer à l'étranger , à la charge de sortir par
Lyon ou Gênes, et de payer , par kilogramme
net , savoir :

(1) La faculté de sortie n'est applicable qu'aux soies à coudre *non-*
écrues, (*lettre du* 1ᵉʳ *septembre* 1807.)

	SORTANT PAR	
	LYON.	GÊNES.
	fr. c.	fr. c.
Soies ouvrées en poil, trame, organsin et à coudre, écrues.............	3	4 50
Rondelettes ou trames de doupion écr.	1	1 50
Fleuret et filoselle, ou bourre de soie cardée........................	15	20
Bourre de soie non-cardée.........	1	1 50
Moresques ou restes de soie.......	20	25
Côte de doupion.................	10	15
A coudre, teintes...............	10	15

Nota. Les soies ouvrées en poil, trame, organsin, et à coudre, écrues, ainsi que celles rondelettes ou trames de doupion écrues, doivent, quelle que soit leur destination, être conduites à la douane de Turin pour y être vérifiées.

Celles destinées à passer à l'étranger par les bureaux de Cologne Mayence, Strasbourg et Versoix, les seuls restés ouverts à la sortie du côté de l'ancienne France, seront expédiées de Turin par acquit à-caution pour la douane de Lyon, où les droits seront acquittés, et les soies expédiées pour l'un desdits bureaux.

Les fleurets et filoselle, ou bourre de soie cardée, la bourre de soie non cardée, les moresques ou restes de soie, les côtes de doupion et les soies à coudre teintes, peuvent sortir par Gênes sans passer à Turin.

Les cocons continuent d'être prohibés. (*Mêmes loi et décret, et circulaire du* 19 *décembre* 1810.)

Soudes (*décret du* 11 *février* 1811); exportation permise par toutes les côtes et frontières, en payant seulement le droit de balance.

Soufre (*loi du* 24 *nivose an* 5).............   1   2

Souliers de femme et d'homme; V. Ouvrages en cuir, etc.

Sucre raffiné et candi (*loi du* 24 *nivose an* 5)...   1   2

Sucre raffiné pour lequel on veut jouir de la prime; Voyez, aux observations, l'article *Remboursement.*

Suifs (*loi du* 19 *thermidor an* 4); prohibés.

Sulfate d'alumine; V. Alun.

Sulfate de potasse (Sel duobus); V. Potasse.

Sumac (*loi du* 19 *thermidor*)...............   10   20

fr.   c.

T.

Tabac indigène en feuilles (*loi du 5 ventose an 12.*)   7

Tabac en côtes; V. Côtes.

Tabac fabriqué (*loi du 24 nivose an 5*)........   51

Tartre de vin; V. Gravelle.

Térébenthine en pâte; V. Essence.

Terre de Marne (*loi du 19 thermidor an 4*); la
    charretée de deux milliers pesant..........   15

Terres des monnaies (*loi du 8 floréal an 11*);
    prohibées.

Terre de pipe (*loi du 19 thermidor an 4*); le lest
    du poids de deux milliers.................   10   20

Terre de porcelaine; V. Derle.

Toiles (*décret du 31 juillet 1810*) :

Batiste et Linon........................   3

de lin	fines...............	2	80
	ordinaires.......	1	60
	communes........	1	15
de chanvre	fines...............	2	50
	ordinaires.......	1	40
	communes........	1	10
mélangées de lin et chanvre	ordinaires.....	1	50
	communes.....	1	5
à voiles...............		1	25
de fil et coton	fines............	1	45
	communes.......	1	20
cirées, gommées, treillis et bougran........		1	5
de coton	fines............	2	70
	ordinaires.......	1	80
	communes........	1	30
peintes et teintes	de fil, fil et coton, siamoises et indiennes fines.....	2	
	communes........	1	20
	à carreaux et coutils......	1	

Tournesol ou Maurelle en drapeaux..........   2   55

Tourteaux; V. Pains.

Toutenague; V. Zinc.

Treillis; V. Toiles.

Tricots (*décret du 31 juillet 1810*); comme Bon-
    neteries, suivant les matières dont ils sont com-
    posés.

Tuf en pierre, des carrières d'Andernach (*décrets
    des 6 janvier et 3 novembre 1807*)........   1

fr. c.

Tulles (*décret du 31 juillet* 1810); comme gazes ,
d'après les matières dont ils sont composés.

V.

Vaches (*loi du 30 avril* 1806); par tête......   5

Veaux (*même loi*); par tête.................   1

Velours de coton; V. Etoffes.

Vendanges et le moût, par la 27ᵉ division (*loi du
30 avril* 1806); les deux tiers du droit sur le
vin.

     Par les autres frontières (*circulaire du 29 mes-
         sidor an* 12); *idem.*

Vermicelli. (*Loi du 24 nivose an 5*)..........   2   55

     Ce qui comprend les pâtes d'Italie et les pâtes
     de Gênes. (*Lettres des* 25 *avril* 1807 *et* 22
     janvier 1810.)

Verre cassé ; V. Groisil.

Vesce ou Jarosse ; V. Grains.

Viandes fraîches (*loi du 30 avril* 1806).......   5

Viandes salées pour l'Espagne (*même loi*).....   4

Viandes salées des états de Parme et de Plaisance ,
pour le pays de Venise (*décret du 6 janvier*
1807).................................   4

Viandes salées à toute autre destination , excepté
les saucissons (*arrêté du 5 frimaire an* 9.);
probibées.

Vieux fers ; V. Ferrailles.

Vins , les 268 litres $\frac{1}{10}$ᵉ, correspondant au muid
de 288 pintes , ancienne mesure de Paris :

          A l'exportation par mer.

Par Bayonne et Saint-Jean-de-Luz.........   1

Par les rivières de Garonne et Dordogne , lorsque
la valeur du tonneau excède 200 fr. ;

     Le rouge...................   7

     Le blanc........................   4

Par les mêmes rivières , lorsque la valeur du
tonneau n'excède pas 200 fr.(*loi du 24 nivose
an* 5)............................   2   50

Par la Charente-Inférieure et la Vendée ;

     Le rouge..........................   1   50

     Le blanc..........................

Par la Loire-Inférieure ;

 Rouge ou blanc, à l'exception de celui ci-
  après... 2

 Blanc, du crû de ce département.......   5o

 Depuis la rivière de Vilaine inclusivement,
  jusques et y compris les ports des départemens au-delà de l'Escaut............. 7

Par les Bouches-du-Rhône et le Var......., 1   5o

Par les Alpes-Maritimes (*loi du* 19 *thermidor*

 an 4)................................... 1   5o

Par les ports des départemens de Montenotte,
de Gênes, des Apennins, de l'Arno, de la Méditerranée, de l'Ombrone et de Rome; le même
droit.

Par l'Hérault et les Pyrénées-Orientales...... 2

A l'exportation par terre.

Par les Haut et Bas-Rhin................... 1   25

Par les nouveaux départemens qui ont le Rhin
 pour limite (*arrêté du 5 fructidor an* 6).... 1   25

Par le Doubs et le Jura....................   5o

Par le Léman............................. 1

Par la 27e division militaire (*loi du* 5o *avril*

 1806)................................... 1   5o

Par les départemens de Marengo, de Gênes,
du Taro, de l'Arno, du Trasimène et de
Rome ; le même droit.

Par l'Arriège et les frontières d'Espagne...... 1   5o

Vins muscats, par les mêmes départemens et les
 mêmes frontières.......................... 6

A l'exportation par mer ou par terre, indistinctement.

Vins de liqueurs de toutes sortes............. 6

Vins en bouteilles ou en doubles futailles....... 7

Vins en futailles emballées ou à double fond (*loi*
 du 1er *août* 1792)........................... 7

Vinaigre ; comme le Vin, d'après les distinctions
 admises pour les ports et bureaux de l'exportation.

Vinaigre de bière, par les départemens correspon-
 dans à celui du Nord (*loi du* 1er *août* 1792); le
 muid..................................... 2

Vitriol (*loi du* 19 *thermidor an* 4)............. 4   8

fr. c.

Volaille et gibier, lorsqu'ils ne sont pas en vie, doivent, comme viandes fraîches, 3 fr. le quintal (*lettre du 9 octobre 1807*).

Z.

Zinc ou Toutenague (*décision du 8 pluviôse an 9*); prohibé.

Prohibitions à la Sortie.

Les articles grevés de prohibition sont rangés au Tarif dans l'ordre alphabétique.

Ouvrages de coton ou de laine, de fabrique française, expédiés pour le royaume d'Italie.

Voyez *Royaume d'Italie.*

Remboursement des droits d'entrée sur des objets exportés.

Ouvrages en Coton.

Il est accordé pour l'exportation à l'étranger, des toiles, bonneteries et autres ouvrages en coton, une prime de 5o fr. par quintal décimal, en justifiant qu'ils proviennent de fabrique française. (*Loi du 3o avril 1806, art. 25.*)

Les cotons filés ne doivent point y participer (*décision du 5o septembre 1806*), ni les toiles ou étoffes mêlées de coton. (*Circulaire du 21 septembre 1807.*)

Les conditions nécessaires pour obtenir la prime, se réduisent à justifier de la fabrique nationale, et à consommer l'exportation par l'un des bureaux de Bayonne, Bordeaux, Nantes, Lorient, Caen, Strasbourg, Verrières de Joux, Versoix, Verceil, Gênes, Marseille, Perpignan et des Guinguettes.

Le bureau de Casatisme y est ajouté. (*Circul. du 20 octobre 1810.*)

La déclaration du fabricant, indicative de l'espèce, de la quantité et du poids net des marchandises, énoncera simplement que les tissus ou bonneteries proviennent de fabrique française, et cette déclaration devra être revêtue du visa du

préfet du département, ou du sous-préfet de l'arrondissement où la *fabrique principale* est établie.

Ces déclarations seront vérifiées, retenues au bureau de
sortie, et endossées d'un certificat attestant l'exportation
consommée.

Deux vérificateurs, au moins, signeront ce certificat, que
le chef du bureau contresignera, pour garantie de sa respon-
sabilité personnelle : il sera adressé au directeur des douanes
dans l'arrondissement duquel se trouve le bureau de sortie,
pour en légaliser les signatures ; et ce directeur doit l'envoyer immédiatement à M. le conseiller d'état directeur général, afin d'ordonnancer la prime. (*Lettres de S. Exc.
le ministre de l'intérieur   is 19 septembre et 18 décembre
1807 ; décision du même ministre, du 15 février 1810, et
circulaire du 22.*)

Les fausses déclarations de poids ou espèces seront punies d'une amende double de la prime qu'on aurait reçue.
(*Décret du 11 janvier 1808, confirmé par la loi du 12 janvier 1810.*)

Sucres raffinés.

Le remboursement des droits acquittés sur les sucres dont
ils sont composés, s'effectue au moyen d'une prime de 25 fr.
par 5 myriagrammes, dont jouissent les raffineurs, sur ceux
exportés à l'étranger. (*Loi du 8 floréal an 11, art. 17.*)

Cette prime est due sur les sucres tapés en petits pains
expédiés pour le Levant. (*Lettre du ministre de l'intérieur,
du 22 prairial suivant.*)

Pour l'obtenir, il faut que l'exportation soit faite par un
des ports ouverts à l'entrée des denrées de nos colonies, ou
par Versoix, Bourg-Libre, Strasbourg, Mayence, Cologne, Sas-de-Gand et Verceil. L'expédition doit être accompagnée d'un certificat du raffineur, duement légalisé.
Ce certificat doit être envoyé, avec celui de sortie à l'étranger, au directeur général des douanes, pour ordonner le paiement de la prime sur une des caisses de recette des douanes.
(*Mêmes loi et article.*)

Savons exportés.

Ils jouissent du remboursement des trois quarts des droits
payés dans l'année, sur les huiles entrées dans leur fabrication, en justifiant du paiement de ces droits. (*Loi du 8
floréal an 11, art. 30.*)

La quantité d'huile nécessaire à la fabrication d'un quintal de savon blanc, rouge ou marbré, est fixée à 75 liv. pesant. (*Décision du 25 brumaire, même année.*)

GRAINS.

Les grains dont le gouvernement autorise la sortie par certains ports et bureaux, acquittent, par quintal métrique, un droit progressif en raison du prix moyen de l'hectolitre de froment, déterminé, dans chaque département, d'après les mercuriales, savoir :

	NATURE DES GRAINS.	
	Froment.	Seigle, orge, avoine, maïs et autres menus grains et légumes.
Lorsque le prix moyen de l'hectolitre de froment est au-dessous de........19 fr....	4 fr. c.	2 fr. c.
Lorsqu'il s'élève à 19......	5	2 50
à 20......	6	3
à 21......	8	4
à 22......	12	6
à 23......	16	8
à 24......	Prohibé.	Prohibés.

(*Décision de S. M. I. du 2 juillet 1806; lettres du ministre de l'intérieur, des 11 du même mois et 16 janvier 1807, et ordre de S. M. I., transmis par circulaire du 16 juin 1810.*)

Ces droits ne sont point susceptibles du *décime additionnel.* (*Circulaires des 11 messidor an 12 et 14 janvier 1808.*)

Ils sont perceptibles au *poids net*, en évaluant le brut suivant les tares reçues dans le commerce. (*Décision de S. Exc. le ministre de l'intérieur, du 5 thermidor an 12, et circul. du 14 janvier 1808.*)

Les farines et le pain payent comme l'espèce de grain dont ils proviennent. (*Décision de S. Exc. le ministre de l'intérieur, du 25 messidor an 12, et circulaire du 14 janvier 1808.*)

Le riz, comme le froment. (*Lettre du 7 juillet 1810.*)

Entrepôt des grains, farines et légumes venant de l'étranger, destinés à la réexportation.

Toutes espèces de grains, farines et légumes, venant de

l'étranger dans un port de France , seront déclarés par entrepôt, et pourront être réexportés à l'étranger, à la charge
par celui qui en fera la réexportation , de justifier pardevant
les officiers municipaux des lieux , que ce sont réellement
les mêmes grains , farines et légumes, venant de l'étranger,
qu'il se propose de réexporter. (*Lois des 17 novembre* 1790 *et*
1er *pluviose an* 13 , *et décision du 5 juillet* 1810.)

Les préposés des douanes doivent requérir la désignation
des magasins où l'entrepôt sera formé : la représentation
instantanée des grains y sera faite à toute réquisition.

Un échantillon des grains reste déposé , sous trois cachets ,
à la municipalité du lieu ; savoir celui de cette autorité
constituée , celui de la douane et celui du propriétaire.

En cas de réexportation , ces cachets sont levés en présence du propriétaire , et l'identité d'espèce est constatée
concurremment avec les officiers municipaux et le propriétaire. (*Décision du* 7 *germinal an* 10 , *et circulaire du* 11,)

L'exemption des droits dont jouissent ces grains à leur
réexportation, ne s'étend point au droit de balance. *Voyez*
ce mot.

DENRÉES COLONIALES

ET AUTRES PRODUCTIONS DES DEUX INDES.

Les marchandises de cette classe, non dénommées dans les
décrets des 5 *août et* 12 *septembre* 1810, doivent à l'entrée
le double des droits du tarif général, soit qu'elles proviennent d'origine permise , de prises , de saisies , de confiscations ,
ou qu'elles entrent en vertu d'autorisations de Sa Majesté.
(*Décret du* 8 *février* 1810 , *art.* 1er.)

Cette disposition s'applique aux *baleines en fanons, baleines coupées* ou *apprêtées, cires jaunes* ou *blanches* , *con-
fitures* , *liqueurs* , *oranges* , *citrons* et *autres fruits* , *syrops*,
soies , *porcelaines* , et à tous autres objets qui seraient importés des deux Indes. (*Lettres des* 1er , 8 , 16 *et* 22 *mars*
1810.)

Elle n'affecte point seulement les marchandises non prohibées provenant des deux Indes ; elle s'étend à celles de
même espèce , de toute autre origine non défendue.

Ainsi les cotons de Naples , les drogueries et épiceries, de
quelque pays qu'elles soient apportées , doivent , dans les
cas où l'entrée peut s'en effectuer , le double droit du tarif.
(*Circulaire du* 5 *mars*)

Il faut toutefois excepter les objets imposés à la valeur ,
et ceux dont l'entrée n'est assujettie qu'au droit de balance
du commerce. (*Circulaires des* 23 *mars et* 20 *avril* 1810.)

o

Denrées venant des colonies françaises.

L'admission des denrées coloniales françaises n'a lieu que par les ports de Nice, Toulon, Marseille, Cette, Bayonne, Bordeaux, Rochefort, la Rochelle, Nantes, l'Orient, Brest, Morlaix, Saint-Malo, Granville, Cherbourg, Rouen, le Hâvre, Honfleur, Fécamp, Dieppe, Saint-Valery-sur-Somme, Boulogne, Calais, Dunkerque, Ostende, Bruges et Anvers (*loi du 8 floréal an 11, art. 12*); Gand (*loi du 22 ventose an 12.*)

Toutes marchandises coloniales soumises au tarif réglé par le décret *du 5 août 1810*, qui viendraient de Batavia et des autres colonies au pouvoir de Sa Majesté impériale, soit des Indes orientales, soit des Indes occidentales, seront exemptes de tous droits de douanes, si elles viennent directement dans nos ports sur des bâtimens français ou hollandais. (*Décret du 1er novembre 1810, art. 1er.*)

Les marchandises coloniales arrivant des mêmes colonies, ne paieront que le quart du droit fixé par ledit *décret du 5 août*, si elles viennent directement sur des bâtimens américains. (*Art. 2.*)

Les pièces de bord des bâtimens, justificatives de l'exécution des conditions prescrites par les articles ci-dessus, seront soumises à Sa Majesté en conseil de commerce, afin qu'elle statue sur leur validité. (*Art. 3.*)

On fera subir aux capitaines et équipages les interrogatoires ordinaires ; les directeurs en enverront les procès-verbaux à M. le conseiller d'état directeur général, et y joindront toutes les pièces de bord, principalement les acquits de sortie de nos colonies. (*Circulaire du 24 novembre 1810.*)

Nota. Les denrées coloniales et autres marchandises imposées par le décret impérial du 5 août 1810, sont les sucres bruts, têtes et terrés, café, cacao, thé, poivre, cannelle, gérofle, muscade, coton en laine, indigo, cochenille, bois d'acajou, de Fernambouc, de Campêche et bois de teinture moulus. V. les droits ordinaires au *Tarif*.

Denrées coloniales étrangères.

Les droits auxquels elles sont sujettes, seront payés à l'arrivée, à moins que les marchandises ne soient mises en entrepôt réel, qui ne pourra excéder un an. (*Loi du 8 floréal an 11, art. 20.*)

Lesdites denrées qui seront mises en entrepôt, ne devront, à leur entrée, que le droit de la balance du commerce..... (*Art. 21.*)

En sortant de l'entrepôt pour entrer dans l'intérieur, elles acquitteront les droits portés au tarif. (*Art.* 22.)

Réexportation des denrées coloniales.

La vente des denrées coloniales provenant soit de prises, de saisies et confiscations, soit de nos colonies, ne peut être faite que pour l'intérieur.

Il est en conséquence ordonné de s'opposer à toute réexportation de ces marchandises : elles ne pourraient passer à l'étranger qu'après avoir acquitté les droits d'entrée et de sortie.

Ces dispositions révoquent le transit qui avait été accordé aux sucres, cafés et cacao de nos colonies, et aux poivres. (*Décision impériale*, *transmise par la circulaire du* 31 octobre 1810.)

TABACS.

L'achat des tabacs en feuilles, la fabrication et la vente, tant en gros qu'en détail, des tabacs fabriqués, sont exclusivement attribués à la régie des droits réunis, pour tous les départemens de l'empire, autres que ceux au-delà des Alpes et les sept départemens au-delà de l'Escaut. (*Décret du* 29 *décembre* 1810, *art.* 1er.)

Les tabacs fabriqués, de quelque pays qu'ils viennent, sont prohibés à l'entrée de l'empire, même ceux de la Hollande. (*Même décret, art.* 27.)

Cette prohibition comprend ceux de prises ou de saisies (*Circulaire du* 21 *janvier* 1811.)

Les tabacs en feuilles ne peuvent circuler sans acquit-à-caution. (*Même décret, art.* 21.)

Dans le cas de saisie de tabacs circulant sans acquit-à-caution, il y a lieu à appliquer l'art. 1er du titre 5 de la loi du 22 août 1791. (*Art.* 25.)

Toute autre infraction aux dispositions du décret du 29 décembre 1810, sera punie d'une amende de 1000 fr. et de la confiscation des tabacs. (*Art.* 28.)

La contrebande en tabac avec attroupement et port d'armes, sera poursuivie et jugée en conformité de la loi du 13 *floréal an* 11, concernant les douanes. (*Art.* 30.)

Les tabacs en feuilles étrangers, ainsi que ceux qui proviendraient de la Hollande et des autres départemens sur lesquels ne s'étend pas le privilége de la régie, ne peuvent être introduits que pour le compte de cette régie. (*Circulaire du* 21 *janvier* 1811.)

Ceux qui proviennent de prises ou confiscations, ne peu-vent être vendus qu'à la régie, ou doivent être réexportés. (*Même circulaire.*)

Provisoirement, les préposés des bureaux de douanes pré-cédemment ouverts à l'entrée des tabacs, n'en admettront que lorsque M. le directeur général en aura adressé l'auto-risation spéciale, sur la demande qui lui en aura été faite par la régie, et sous les conditions qui seront prescrites. (*Idem.*)

ARTICLES COMMUNS A L'ENTRÉE ET A LA SORTIE.

Droits établis ou changés ; à quelle époque sont-ils perceptibles ?

Les droits de douane et de navigation sont perceptibles du jour où les préposés ont connaissance que la loi qui les fixe, a été reçue par le préfet du département.

Ils doivent être perçus d'après les lois existantes à l'é-poque de la déclaration précédée de l'arrivée.

Ainsi, la marchandise déclarée avant la promulgation d'une loi qui en a augmenté le droit, n'est sujette qu'à l'ancien droit, quoique le déchargement et la vérification soient postérieurs.

De même, une marchandise qui n'a été déclarée qu'après la promulgation d'une loi qui en augmente le droit, doit le droit augmentatif, lors même que le bâtiment sur lequel elle se trouve, serait arrivé dans le port antérieurement à cette promulgation.

La même règle est applicable aux droits de navigation ; ils sont dus de l'époque de la déclaration, quoique la jauge qui peut opérer des changemens dans la perception, ait été différée.

Le droit sur une marchandise qui jouit de l'entrepôt, est celui existant au jour de sa déclaration pour la consomma-tion, ou de l'expiration du délai d'entrepôt.

Il est dû sur une marchandise saisie, non du jour où la main-levée en a été accordée, mais de celui auquel elle a été retirée.

Une marchandise expédiée par acquit-à-caution, qui reste dans l'intérieur, doit le simple ou le double droit existant à l'époque où l'acquit-à-caution a été délivré.

Si un bâtiment forcé d'entrer dans un port de France, autre que celui de sa destination, y est retenu par un embargo qui l'empêche d'arriver avant une augmentation de droits qu'il n'aurait pas éprouvée sans l'embargo, on ne, peut exiger sur son chargement que les droits existans à l'époque où il serait arrivé à sa destination, sans l'embargo. (*Décision conforme à ce principe, du 7 ventose an 5.*)

Droit de magasinage.

Les propriétaires des marchandises qui, à défaut de déclaration détaillée, ont été déposées dans le magasin de la douane, sont tenus d'un droit particulier de magasinage d'un pour 100 de la valeur. (*Décret du 4 germinal an 2, titre 2, art. 9.*)

Il n'est que de demi pour 100 sur les objets déchargés par suite d'une relâche forcée, et rechargés faute de vente. (*Art. 6.*)

Celui d'un pour 100 est dû après trois mois d'entrepôt sur les marchandises provenant de confiscation. (*Lettre du ministre, du 28 floréal an 8.*)

Sur toutes les marchandises de prises, à l'expiration du délai accordé pour la réexportation, si elle n'est pas effectuée. (*Décision du 28 thermidor an 9.*)

Pour les marchandises provenant du royaume d'Italie, voyez l'article concernant ce royaume.

Marchandises avariées.

Les avaries ne donnent lieu à aucune réduction de droits, que dans le cas d'échouement ou autres accidens de mer, constatés suivant les formes prescrites, et qui emportent recours contre les assureurs. (*Article 79 de la loi du 8 floréal an 11, confirmative d'un arrêté du 2 thermidor an 10.*)

Les experts pour faire l'estimation de ces avaries, sont nommés par le directeur ou le receveur des douanes ; ils doivent y procéder dans les vingt-quatre heures de la déclaration d'avaries, et établir, par leur rapport, la valeur primitive des marchandises au cours du jour, et la perte résultant de l'avarie. (*Même loi, art. 80.*)

Le rapport est communiqué aux parties intéressées, qui, dans un autre délai de vingt-quatre heures, peuvent l'adopter, ou présenter elles-mêmes une évaluation différente : ce n'est qu'à l'expiration de ce délai, que les préposés peuvent exercer la préemption d'après cette nouvelle évaluation, ou, à son défaut, sur celle des experts. (*Art. 81.*)

Si les préposés reconnaissent que les experts ont donné

aux marchandises une estimation supérieure à leur valeur primitive, le paiement des droits et la remise des marchandises entre les mains du propriétaire ou consignataire, sont suspendus ; des échantillons sont levés, mis sous le cachet des experts et du receveur, et adressés au directeur général des douanes, qui les soumet à l'examen du ministre de l'intérieur ; cependant, si le propriétaire ou consignataire desire avoir la libre disposition des marchandises, elles peuvent lui être remises, sous soumission, valablement cautionnée, de payer les droits conformément à la décision du ministre de l'intérieur. (*Art.* 82.)

Ces dispositions ne sont point applicables aux marchandises imposées à la valeur, puisque ce droit est toujours relatif à cette valeur, en quelque état qu'elles soient. (*Circulaire du 5 thermidor an* 10.)

La réduction ne peut être demandée sous prétexte d'avarie survenue dans le transport des marchandises par mutation d'entrepôt. (*Décision du* 28 *nivose an* 11.)

Si celui à qui une marchandise avariée est adressée, en fait l'abandon par écrit, il est dispensé d'en payer les droits. (*Loi du* 22 *août* 1791, *tit.* 1er, *art.* 4.)

Marchandises qui ont été mésestimées.

Quand un droit est imposé à la valeur, le préposé doit percevoir le droit sur la valeur déclarée, ou retenir la marchandise, en annonçant qu'il paiera la valeur déclarée et le dixième en sus, dans les quinze jours qui suivront la notification du procès-verbal de retenue. (*Loi du* 4 *floréal an* 4, *art.* 1er.)

La retenue n'est soumise à d'autre formalité que celle de l'offre souscrite par le receveur du bureau, et signifiée au propriétaire ou à son fondé de pouvoir. (*Art.* 2.)

Marchandises destinées aux approvisionnemens de la marine et de la guerre, et autres départemens.

Toutes les marchandises étrangères importées pour les approvisionnemens de la guerre, de la marine et autres départemens, sont assujetties, sans exception, au paiement effectif des droits à l'introduction en France, sur le pied réglé par le tarif des douanes. (*Décret du* 6 *juin* 1807, *article* 1er.)

Les fournisseurs ou agens du gouvernement sont tenus de payer provisoirement les droits d'entrée, dont ils obtiendront le remboursement sur les fonds de la marine, de la guerre ou du trésor public, sur la représentation des acquits de paiement, et lorsqu'il aura été reconnu que lesdits acquits sont applicables à des marchandises réellement employées pour le compte du gouvernement. (*Art.* 2.)

Ainsi la perception effective doit avoir lieu sur tous approvisionnemens, soit qu'ils soient importés par les fournisseurs, quelles que soient les stipulations de leurs marchés, soit qu'ils soient déclarés par les agens du gouvernement, achetés pour son compte et à son usage. (*Circulaire du 2 juillet* 1807.)

Les dispositions de l'administration de la marine ne permettant pas d'effectuer immédiatement le paiement des droits, il a été convenu que les droits soit d'*entrée*, soit de *sortie*, qui seront dus à l'administration des douanes par celle de la marine, sur des objets destinés pour son service, ne seront exigibles qu'à la fin de chaque trimestre. Il sera dressé, à cette époque, des états de ce que l'administration des douanes aura à répéter, d'après les vérifications et liquidations, pour les droits dont il s'agit; ces états seront reconnus par l'administrateur en chef du port, et sur l'avis qu'il en donnera au ministre de la marine, celui-ci fera de suite les fonds nécessaires pour en acquitter le montant. (*Décision du ministre des finances, du 7 juin* 1808, *et circulaire du* 26 *avril* 1809.)

Immunité des droits.

L'exemption des droits d'entrée a été refusée à des agens étrangers des relations commerciales, sur les objets de leur consommation.

Ces agens sont sujets, comme les simples particuliers, à tous les droits indirects. Ainsi décidé *le* 17 *ventose an* 13, *par les ministres des finances et des relations extérieures.*

Au surplus, il ne peut exister d'immunité qu'en vertu d'ordres spéciaux que M. le directeur général transmet aux directeurs des départemens. (*Circulaire du* 24 *ventose an* 13.)

Iles françaises en Europe, qui ont pour les douanes un régime particulier.

Iles d'Yeu, Ouessant, Mollenne, Hédic et Ile-des-Saints.

Ces îles ne sont point sujettes aux droits du tarif. Leurs habitans peuvent néanmoins introduire en exemption de droits les produits de leur pêche, et recevoir les bois nécessaires à leur consommation. (*Loi du* 10 *juillet* 1791, *art.* 2.)

L'art. 5 du titre 1er de la *loi du 4 germinal an 2*, exempte les autres denrées et productions du sol ; il porte encore qu'il ne pourra être importé desdites îles aucun objet manufacturé, tant qu'il ne sera pas justifié qu'il est le produit de manufacture y existante et reconnue par le gouvernement.

Les sels provenant de ces îles doivent le droit de consommation, le *décret du 11 juin* 1806 n'admettant aucune exception.

Iles de Groix, de Bouin et de la Crosnière.

La perception des droits de douane a lieu à l'entrée et à la sortie des îles de Groix, Bouin et la Crosnière ; et cependant, pour empêcher qu'elles servent d'entrepôt à des productions étrangères, les habitans desdites îles peuvent seulement apporter en exemption de droits les produits de leur culture et de leur pêche. Toute autre importation est traitée comme étrangère, si elle n'est accompagnée d'un acquit des droits payés à l'entrée desdites îles. (*Loi du 10 juillet* 1791, *art.* 1er.)

Ils peuvent encore importer en exemption les autres denrées et productions de leur sol, mais non des objets manufacturés. (*Loi du 4 germinal, tit.* 1er, *art.* 5.)

Toutefois les sels acquittent le droit de consommation.

L'article IV du titre 1er de la loi de germinal défend l'admission dans les îles ci-dessus, hors le cas de relâche forcée, des bâtimens étrangers et des bâtimens français venant de l'étranger. Il y a été dérogé pour Belle-Ile et Noirmoutiers, par la *loi du 8 floréal an 11*, confirmative d'un *arrêté du 2 thermidor an* 10, qui rétablit les relations commerciales entre ces îles et l'étranger, ainsi qu'elles existaient avant la loi de germinal. V. l'article suivant.

Belle-Ile et Noirmoutiers.

Les dispositions des articles 65, 66, 67, 69 et 70 de la *loi du 8 floréal an 11*, relatives au régime de l'île de Corse (actuellement supprimé), sont communes à Belle-Ile et Noirmoutiers. (*Art.* 72 *de cette loi.*)

En conséquence, les marchandises et denrées expédiées du continent français pour ces îles, ne sont soumises à aucun droit de sortie et d'entrée.

Les marchandises et denrées du crù et des fabriques de ces îles, sont également exemptes des droits de sortie et d'entrée, lorsqu'elles sont envoyées sur le continent français, et qu'elles sont accompagnées d'un certificat d'origine et d'une expédition de la douane du port d'embarquement.

Les objets dont l'exportation à l'étranger est prohibée,

ne peuvent être expédiés du continent pour ces îles que sur des permissions particulières du gouvernement.

Les marchandises étrangères dont l'importation n'est pas défendue, qui, après avoir été introduites dans ces îles, sont expédiées pour le continent, n'y sont admises, en exemption de droits, qu'en représentant les acquits de paiement de ceux qui ont été perçus à leur entrée dans ces îles et une expédition de la douane du port d'embarquement.

Enfin les marchandises manufacturées dans ces îles et de l'espèce de celles dont l'importation est défendue, qui en sont expédiées pour les ports du continent, n'y sont admises qu'en justifiant, par des certificats authentiques, qu'elles ont été fabriquées dans ces mêmes îles.

Ile de Valcheren.

Cette île, quoique soumise au régime des douanes, ne peut tirer de la France aucune des matières premières prohibées à la sortie, à moins qu'il ne soit constaté qu'elle possède des fabriques où ces matières peuvent être employées. (*Lettre de M. le directeur général, du 18 avril 1810, relative à différentes espèces de soies ouvrées et non ouvrées, prohibées à la sortie, que l'on voulait expédier pour cette île, où il n'existe point de fabriques de soieries.*)

Iles de Corse et de Capraja.

Ces îles ne sont assujetties qu'au régime de la navigation. (*Décret du 12 juillet 1808.*)

Ile d'Elbe.

Ses ports et son territoire sont francs de droits de douane. (*Loi du 8 floréal an 11, art. 73.*)
Les droits de navigation y ont été établis.

ENTREPOT.

On nomme ainsi l'asyle donné à une marchandise en attendant sa destination ultérieure.

On distingue l'entrepôt *réel* et l'entrepôt *fictif*.

Le premier est accordé dans un magasin général, sous la clef de la douane. Tel est celui qui a lieu dans les principaux ports, et dans les villes de Lyon, Alexandrie, Florence, etc.

L'entrepôt fictif est formé dans les magasins même des

p

négocians, sous soumission de représenter la marchandise à toute réquisition des préposés, et de payer les droits. Ce mode d'entrepôt n'est actuellement applicable qu'à certaines marchandises arrivant dans les ports de Marseille et Livourne.

ENTREPOTS RÉELS DE MARCHANDISES ÉTRANGÈRES.

Il y a un entrepôt réel de marchandises et denrées étrangères, coloniales et autres, dans les ports de.............. Cette, Bayonne, Bordeaux, la Rochelle, Nantes, l'Orient, Saint-Malo, Cherbourg, Rouen, le Hâvre, Honfleur, Dunkerque, Ostende, Bruges et Anvers.

Cet entrepôt a lieu à la charge de réexporter, ou de payer les droits à l'expiration de l'année. (*Loi du 8 floréal an 11, art. 23.*)

Il est accordé, sous la même condition, au port de Savone (*loi du 12 janvier 1810, art. 10*); à ceux d'Amsterdam, de Rotterdam et d'Embden. (*Décret du 18 octobre 1810, art. 165.*)

Nota. Les entrepôts de Rouen et de Bruges sont soumis à des dispositions particulières, que l'on indiquera ci-après.

On peut recevoir dans l'entrepôt réel, les marchandises prohibées, dites de *traite*, ci-après désignées ; savoir : couteaux de traite, flacons de verre, rasades et autres verroteries; grosse quincaillerie, cauris, fer de Suède, platilles de Breslaw, vase de cuisine venant de Saxe ; barbuts, moques de faïence bariolées, poteries d'étain, rhum, tafia des colonies françaises ou de l'étranger, bassins, chaudrons, baguettes, manilles, trompettes ; cuivre rouge, clous de cuivre, verges rondes et barres plates, plomb de deux points, gros carton brun de 43 à 49 centimètres sur 119 à 130 centimètres, les bonnets de laine, grelots, clochettes en métal, les bayettes. (*Loi du 8 floréal, art. 24.*)

L'entrepôt n'est accordé qu'à la charge de fournir sur le port des magasins convenables, sûrs et réunis en un seul corps de bâtiment : le plan du local doit être présenté au gouvernement, qui, après avoir fait examiner s'il est propre à sa destination, l'y affecte, s'il y a lieu, par un arrêté spécial. (*Art. 25.*)

Les magasins servant d'entrepôt, doivent être fermés à deux clefs, dont l'une reste entre les mains des préposés des douanes, et l'autre dans les mains du commerce qui doit fournir et entretenir lesdits magasins. (*Art. 26.*)

Pour le commerce des colonies françaises, on a ajouté à l'entrepôt dont jouissaient les bœufs, beurres, lard, saumons salés et chandelles, importés de l'étranger pour ces colonies, celui des chaudières de cuivre à la même destination, du

cuivre et des clous à doublage, en payant 6 fr. par 5 myriagrammes, au moment de l'expédition. (*Art.* 27.).

Entrepôt à Rouen.

L'entrepôt de Rouen pour les marchandises et denrées
étrangères non prohibées, coloniales ou autres, fait partie
de celui du Hâvre. En conséquence tout bâtiment chargé
de marchandises destinées à l'entrepôt de Rouen, doit se
présenter au Hâvre pour y faire sa déclaration des quantités et qualités de marchandises qu'il se propose de verser
dans l'entrepôt de Rouen, et le principal préposé des douanes
du Hâvre donnera acte de cette déclaration.

Lorsque le principal préposé des douanes n'aura pas de
raison de suspecter la contrebande, il pourra exempter le
bâtiment de l'entrée au Hâvre.

Les bâtimens venant du Hâvre à Rouen sont tenus de présenter l'acte de déclaration précité aux préposés qui voudront les visiter, tant sur l'une que sur l'autre rive. Il y
aura fraude dans tous les cas où l'état et l'existence des marchandises ne seront pas trouvés conformes à la déclaration.
Les mêmes marchandises seront vérifiées à leur entrée dans
l'entrepôt de Rouen, sur l'acte de déclaration délivré au
Hâvre, et la fraude sera constatée, si la quantité de marchandises est supérieure ou inférieure à la déclaration. (*Loi
du 8 floréal an* 11, *art* 36.)

Toute marchandise sortant de l'entrepôt de Rouen pour
être réexportée, doit être spécifiée, pour les poids et qualités, sur un manifeste délivré par le directeur des douanes.
Le manifeste suivra le bâtiment et sera présenté au principal préposé des douanes du Hâvre, pour qu'il soit fait vérification de la marchandise ; et la fraude sera constatée, s'il
y a plus ou moins de marchandises que celles portées sur
le manifeste. (*Même loi, art.* 37.)

Entrepôt à Bruges.

L'entrepôt de Bruges fait partie de celui d'Ostende ; en
conséquence les capitaines des bâtimens chargés de marchandises destinées à l'entrepôt de Bruges, sont tenus de s'arrêter à Ostende, et de présenter à la douane le manifeste contenant la déclaration en détail des quantités et qualités des
marchandises qui composeront leurs cargaisons ; cette formalité remplie, les écoutilles doivent être plombées, et les
bâtimens expédiés sous acquit à caution, montés par deux
préposés des douanes qui les accompagnent jusqu'à Bruges.

et à chacun desquels il est payé, par les propriétaires des cargaisons, 2 fr. par jour pour frais de route. (*Loi du 8 floréal an 11 , art.* 58.)

A l'arrivée des navires dans le bassin de Bruges, les marchandises doivent être déchargées, vérifiées et mises en entrepôt. Il y a fraude, dans tous les cas où les quantités et qualités desdites marchandises ne sont pas conformes à la déclaration faite à Ostende. (*Même article.*)

Les marchandises qui sortent de l'entrepôt de Bruges pour être réexportées, doivent être expédiées sous plomb, acquit à caution et convoi de deux préposés des douanes, qui restent à bord des bâtimens jusqu'à leur arrivée à Ostende, où la vérification est faite : il y a fraude, si les quantités et qualités des marchandises ne sont pas conformes à celles portées sur l'acquit à caution délivré à Bruges. (*Art.* 59.)

Entrepôt à Cologne et Mayence.

La loi du 1er pluviose an 13 , a établi sur les ports de Cologne et de Mayence, un entrepôt réel de marchandises et denrées étrangères prohibées et non prohibées.

Ces entrepôts sont établis dans des enceintes dont les maisons et magasins ne peuvent être employés qu'à recevoir les marchandises pour lesquelles on usera de la faculté de l'entrepôt.

Il n'est conservé qu'une porte pour le passage du local franc dans la ville , des marchandises destinées pour l'intérieur.

Entrepôt à Strasbourg.

Les marchandises étrangères non prohibées, importées par le pont du Rhin, le Rhin et la rivière d'Ill, à la destination de Strasbourg, peuvent y être entreposées. (*Loi du 8 floréal an 11 , art.* 40 et 41.)

La durée de cet entrepôt est de six mois, pendant lesquels les marchandises entreposées peuvent être expédiées pour l'étranger par les bureaux du pont du Rhin et de la Wantzenau. (*Art.* 43.)

Chaque colis réexporté doit être plombé, et les acquits à caution délivrés pour assurer le passage des marchandises à l'étranger, sont déchargés par les préposés de ces bureaux. (*Même article*).

Les objets qui, pendant le même délai, sont tirés de l'entrepôt pour la consommation intérieure, ainsi que ceux qui s'y trouvent à l'expiration des six mois, sont passibles des droits d'entrée. (*Idem.*)

Entrepôt à Marseille.

Il y a un entrepôt de marchandises étrangères dans le port de Marseille. (*Loi du 8 floréal an 11, art. 28.*)

L'entrepôt est réel; 1°. pour toutes les marchandises et denrées dont l'entrée est ou sera prohibée, et pour celles qui sont ou seront soumises au certificat d'origine; 2°. pour toute espèce de marchandises manufacturées (les savons y sont compris), les tabacs en feuilles, poissons salés, vins, eaux-de-vie, liqueurs, huiles, sucres, cafés, indigo, cacao, et toutes autres denrées coloniales venant de l'étranger.

L'entrepôt est fictif, sur la demande des négocians, pour toutes les marchandises et denrées dont l'entrée est permise et non désignées dans l'art. 29. (*Art. 31.*)

Les objets destinés pour l'entrepôt réel ou fictif doivent, après vérification, être portés sur deux registres particuliers, tenus par le receveur des douanes. (*Art. 32.*)

Les consignataires doivent remettre à ce receveur une soumission valablement cautionnée de réexporter dans l'année lesdits objets, ou d'en payer les droits. (*Idem.*)

La durée de l'entrepôt réel ne peut excéder le terme de deux ans. Les marchandises et denrées dont l'entrée est ou sera prohibée, doivent être réexportées dans ce délai. Les marchandises et denrées permises sont soumises à la même condition, ou acquittent les droits. (*Art. 33.*)

Les navires arrivant à Marseille chargés en totalité ou en partie de marchandises ou denrées prohibées, ne peuvent aborder que dans la partie du port qui est indiquée par le directeur des douanes et où le débarquement doit s'effectuer. (*Art. 34.*)

Les marchandises et denrées prohibées qui seront tirées de l'entrepôt pour la réexportation, seront embarquées dans le même local, et les navires à bord desquels elles seront mises ne pourront en sortir que pour mettre à la voile. (*Même article*).

Entrepôt à Lyon.

Il y a à Lyon un dépôt pour les marchandises étrangères non prohibées et denrées coloniales mises, à leur débarquement, dans l'entrepôt réel de Marseille. (*Loi du 30 avril 1806, art. 29.*)

Toutes les marchandises fabriquées sont formellement exclues de la faculté du dépôt. (*Art. 30.*)

Les droits d'entrée seront acquis au trésor public au moment où les marchandises seront tirées de l'entrepôt de Mar-

seille pour le dépôt de Lyon ; mais la perception en sera sus‑
pendue jusqu'à celui de leur sortie dudit dépôt pour la con‑
sommation. (*Art.* 31.)

Elles doivent arriver à Lyon dans le délai d'un mois, si
elles sont transportées par terre , et dans celui de deux mois,
si elles sont embarquées sur le Rhône. (*Art.* 32.)

Après le délai d'une année , à compter du jour de l'entrée
des marchandises dans l'entrepôt de Marseille , elles devront
acquitter les droits et sortir du dépôt. Celles qui en seront
tirées avant l'expiration du délai , paieront immédiatement
les droits. (*Art.* 36.)

Entrepôt à Gênes.

Il y a à Gênes un port franc ou entrepôt réel de marchan‑
dises étrangères prohibées ou non prohibées , à l'exception de
celles venant des fabriques ou du commerce de l'Angleterre,
qui en sont formellement exclues. (*Loi du* 30 *avril* 1806,
art. 42.)

Les navires chargés de marchandises destinées pour l'en‑
trepôt , doivent aborder sur la partie du quai appelée *Ponte
de mercanti*. Ils peuvent aussi aborder près de la partie de
l'entrepôt qui a une communication directe avec la mer : les
portes de ces passages qui conduisent dans le local franc ,
sont gardées par des préposés des douanes , et tous les soirs
les clefs sont remises entre les mains du receveur de la
douane. (*Art.* 44.)

Dans les vingt‑quatre heures de l'arrivée, les capitaines
ou patrons des bâtimens sont tenus de remettre au bureau
de la douane le manifeste de leur chargement, avec indi‑
cation des marques , numéros des caisses , ballots , barils ,
boucauts etc. , qui le composent. (*Art.* 45.)

Dans les trois jours de l'arrivée des bâtimens , les pro‑
priétaires ou consignataires doivent déclarer à la douane les
marchandises , en désignant les marques , le nombre et le
contenu des caisses , balles , etc. , ainsi que les quantités et
espèces. (*Art.* 46.)

Immédiatement après le débarquement, qui ne pourra
s'effectuer que sur les deux points désignés , en présence des
préposés des douanes, les marchandises sont vérifiées , pesées
et portées sur deux registres , dont l'un est tenu par un re‑
ceveur aux déclarations, et l'autre par un contrôleur aux en‑
trepôts ; les propriétaires ou consignataires sont tenus de faire
au bas de chacun des enregistremens qui les concernent ,
leur soumission de représenter lesdites marchandises dans
les délais déterminés. (*Art.* 47.)

Les marchandises sont ensuite transportées à l'entrepôt

sous la surveillance des préposés des douanes, qui les accompagnent jusqu'à la porte intérieure du local franc. (*Art.* 48.)

Lorsque les marchandises seront tirées de l'entrepôt, déclaration préalable devra en être faite à la douane, où elles seront immédiatement conduites et vérifiées. Celles arrivées par mer et qui seront réexportées par la même voie, ne paieront que le droit de balance.

Les marchandises qui seront expédiées de l'étranger, en transit par terre, à la destination de l'entrepôt de Gênes, (celles venant du royaume d'Italie) seront vérifiées, enregistrées et soumissionnées, conformément aux dispositions de l'article 47, et mises dans l'entrepôt.

Celles desdites marchandises qui seront envoyées à l'étranger par mer, paieront le droit de transit. (*Art.* 50.)

Ce droit est fixé par l'article 8 du traité *du 20 juin* 1808.

Voyez royaume d'Italie.

Les marchandises permises qui seront tirées du local franc pour la consommation de la France ou du duché de Parme, acquitteront les droits fixés par le tarif de l'empire français. (*Art.* 52.)

La durée de l'entrepôt est de deux années. Elle pourra être prorogée lorsque les circonstances l'exigeront : mais, à l'expiration de chaque semestre, les contrôleurs aux entrepôts se transporteront dans les différens magasins du local franc, et se feront représenter les marchandises par chaque propriétaire ou consignataire ; s'il y a déficit, les propriétaires ou consignataires seront tenus de payer le double des droits pour les marchandises permises, et le double de la la valeur pour celles prohibées. (*Art.* 55.)

Aucun individu ne pourra entrer dans l'entrepôt ou port franc de Gênes, s'il n'est porteur de sa patente de négociant ou d'une carte délivrée par le directeur des douanes. (*Art.* 56)

Tout individu qui sera surpris sortant du port franc avec des marchandises prohibées ou en fraude des droits, sera, indépendamment de la confiscation des marchandises et de l'amende prononcée par les lois, condamné, pour la première fois, à six mois de prison, et pour la seconde à un an, conformément à l'article 26 de la loi du 22 ventose an 12. (*Art.* 58.)

Les négocians qui ont des magasins dans l'entrepôt, ne pourront vendre ni laisser sortir desdits magasins aucunes marchandises, qu'après en avoir fait la déclaration à la douane : ceux qui seront convaincus d'avoir contrevenu à cette disposition, ou d'avoir eux-mêmes confié des marchandises à des hommes salariés pour les introduire dans la ville, seront, indépendamment des peines portées par les lois, privés de la faculté de l'entrepôt, du transit et de tout crédit de droits, conformément à l'art. 83, section 4, de la loi du 8 floréal an 11. (*Art.* 59.)

Entrepôt d'Alexandrie.

Il y aura dans cette ville un entrepôt réel de marchandises étrangères prohibées ou non prohibées, à l'exception de celles venant des fabriques ou du commerce anglais. (*Loi du* 30 *avril* 1806, *art.* 60.)

La durée de l'entrepôt est d'un an. Avant l'expiration de l'année, les marchandises doivent être déclarées pour la consommation ou expédiées pour l'étranger. (*Art.* 71.)

Entrepôt à Livourne.

Il y aura à Livourne un entrepôt réel des marchandises étrangères prohibées ou non prohibées, à l'exception de celles venant des fabriques, des colonies ou du commerce de l'Angleterre, qui en sont formellement exclues. (*Décret du* 23 *septembre* 1810, *art.* 1er.)

La ville de Livourne ne jouira de cet entrepôt, qu'à la charge de fournir, à proximité du port, des magasins sûrs et convenables.

Les frais de location seront acquittés par une légère rétribution sur les marchandises entreposées, et conformément au tarif arrêté par sa majesté. (*Art.* 2.)

L'entrepôt pourra être fictif pour les bois à bâtir, de construction et en planches, merrains, brai et goudron; chanvres et lins en masse ou peignés; cuirs verts et salés, en poil; cuivre brut et en mitraille; fers en gueuse, en barres, en verges, feuillards, carillons et rondins; fromages, poterie de terre grossière; raisins secs; riz, et généralement toutes les marchandises que le tarif d'entrée ne soumet qu'au simple droit de balance. (*Art.* 3.)

Les propriétaires ou consignataires des marchandises qui, en exécution de l'article précédent, pourront être mises dans leurs magasins, feront, entre les mains du receveur de la douane, une soumission valablement cautionnée de réexporter, dans l'année, lesdites marchandises, ou d'en payer les droits : ils seront, en outre, tenus de représenter, à toute réquisition des préposés des douanes, lesdites marchandises, sous les peines portées par les réglemens relatifs aux entrepôts. (*Art.* 4.)

La durée de l'entrepôt réel ne pourra excéder le terme de deux années. Les marchandises prohibées devront être réexportées dans ce délai ; celles permises seront soumises à la même condition, ou acquitteront les droits. (*Art.* 5).

Entrepôt à Florence.

Il y a à Florence un entrepôt réel pour les marchandises étrangères non prohibées, expédiées, soit de l'entrepôt de Livourne, soit du royaume d'Italie (soit des entrepôts de Rome et de Civita-Vecchia). Cet entrepôt est placé dans les bâtimens précédemment employés à cet objet. (*Décret du 22 octobre 1808, art.* 16.)

Les marchandises expédiées de Livourne, ou du royaume d'Italie (ou des entrepôts de Rome et de Civita-Vecchia), pour l'entrepôt de Florence, seront mises sous plombs et accompagnées d'acquits à caution, qui indiqueront en détail les quantités et espèces, ainsi que les poids, nombre ou mesure de chaque balle, caisse, baril, etc. (*Art.* 17.)

Au moment de l'arrivée des marchandises à l'entrepôt, les préposés, après avoir reconnu l'état des plombs et cordes, procéderont à la vérification de toutes les marchandises. S'il y a excédant ou déficit aux quantités indiquées sur les acquits à caution, ou substitution d'une marchandise à une autre, les soumissionnaires encourront les peines portées par les lois de l'empire. (*Art.* 18.)

Immédiatement après la vérification des marchandises, elles seront mises en entrepôt et portées en charge sur un registre. Chaque propriétaire ou consignataire des marchandises, fera, au bas des enregistremens qui le concerneront, la soumission pour la sûreté des droits (*Art.* 19.)

Les marchandises entreposées à Florence pourront être déclarées, soit pour la *consommation*, soit pour l'*étranger*.

Dans le premier cas, elles acquitteront les droits du tarif français ; dans le second cas, elles seront expédiées sous plombs et acquits à caution pour le royaume d'Italie ou Livourne (ou l'entrepôt de Rome). Voyez *Transit*.

Les acquits à caution seront déchargés dans les bureaux de terre ouverts au transit, ou à la douane de Livourne (ou de Rome), suivant la destination donnée aux marchandises. (*Art.* 20.)

La durée de l'entrepôt sera d'un an. Avant l'expiration de l'année, les marchandises devront être déclarées pour la consommation ou expédiées pour l'étranger. (*Art.* 21.)

Entrepôt à Rome.

Il y aura à Rome un entrepôt réel pour les marchandises étrangères non prohibées, expédiées, soit des entrepôts de

Civita-Vecchia, Livourne et Florence, soit des royaumes d'Italie et de Naples, ou qui arriveront directement par mer, en remontant le Tibre.

Cet entrepôt sera placé dans un local convenable, qui sera fourni par le commerce.

Sa durée sera d'un an. Avant l'expiration de l'année, les marchandises devront être déclarées pour la consommation ou envoyées à l'étranger. (*Décret du 1er février* 1810, *art.* 5.)

Les marchandises expédiées des entrepôts de Livourne, Florence et Civita-Vecchia, ou des royaumes d'Italie et de Naples, pour l'entrepôt de Rome, seront mises sous plombs, soit aux bureaux des douanes de Livourne, de Florence, et Civita-Vecchia, soit dans ceux placés sur les frontières desdits royaumes, qui seront ouverts au transit, et accompagnés d'acquits à caution, qui indiqueront en détail les quantités et espèces, ainsi que les poids, nombre ou mesure des balles, caisses, barils, etc. (*Art.* 6.)

Les marchandises étrangères qui arriveront par le Tibre à la destination de l'entrepôt de Rome, ou à celle des royaumes de Naples et d'Italie, seront vérifiées et pesées à la douane de *Ripa-Grande*, située sur le fleuve, à l'extrémité de la ville, et expédiées sous plombs et acquits à caution pour ledit entrepôt, ou en transit pour les royaumes d'Italie et de Naples. (*Art.* 7.)

Au moment de l'arrivée des marchandises à l'entrepôt, ou dans les bureaux ouverts au transit, les préposés des douanes, après avoir reconnu l'état des plombs et cordes, procéderont à la vérification de toutes les marchandises : s'il y a excédant ou déficit aux quantités portées sur les acquits à caution, ou substitution d'une marchandise à une autre, les soumissionnaires encourront les peines portées par les lois de l'empire. (*Art.* 8.)

Immédiatement après la vérification des marchandises destinées pour l'entrepôt, elles seront portées en charge sur un registre. Chaque propriétaire ou consignataire fera au bas de chacun des enregistremens qui le concerneront, sa soumission pour la sûreté des droits. (*Art.* 9.)

Les marchandises entreposées à Rome pourront être déclarées, soit pour la consommation, soit pour les entrepôts de Florence ou Livourne, soit pour les royaumes d'Italie et de Naples. Dans le premier cas, elles acquitteront les droits du tarif français ; dans le second, elles seront expédiées sous plombs et acquits à caution, qui seront déchargés dans les bureaux ouverts au transit, ou dans ceux de Florence et de Livourne, suivant la destination donnée aux marchandises. (*Art.* 10.) Voyez *Transit*.

Toutes les marchandises importées ou exportées par le Tibre, acquitteront les droits auxquels elles sont imposées par le tarif français, à la douane de *Ripa-Grande.* (*Art.* 11.)

Les capitaines ou patrons des bâtimens qui remonteront le Tibre jusqu'à Rome, devront faire viser leur manifeste à la douane de l'île nommée *Capo-due-Ranie*, et seront tenus de recevoir à leur bord un ou deux préposés, et de payer à chacun d'eux 1 fr. 25 c. pour leurs frais de conduite. (*Art.* 12.)

Les capitaines ou patrons dont les bâtimens seraient d'un trop fort tonnage pour remonter le Tibre, devront présenter leur manifeste à la douane de *Capo-due-Ranie*, y faire leur déclaration, et y prendre un permis de décharger leurs cargaisons sur des alléges. Ces transbordemens se feront sous la surveillance des préposés des douanes; et les allèges seront accompagnés d'acquits à caution pour assurer l'arrivée des marchandises à la douane de *Ripa-Grande.* (*Art.* 13.)

Entrepôt à Civita-Vecchia.

Il y aura à Civita-Vecchia un entrepôt de marchandises étrangères prohibées et non prohibées, à l'exception de celles venant des fabriques, des colonies ou du commerce de l'Angleterre, qui en sont formellement exclues. Cet entrepôt sera placé dans un local convenable, qui sera fourni par le commerce. Sa durée sera d'une année. (*Décret du 1ᵉʳ février* 1810, *art.* 14).

Les marchandises prohibées qui seront mises dans ledit entrepôt, devront être réexportées par mer; celles permises qui en seront tirées pour la consommation, acquitteront les droits à la douane de Civita-Vecchia.

Les marchandises destinées pour les entrepôts de Rome, Florence, Livourne, ou pour les royaumes de Naples et d'Italie, seront expédiées sous plombs et acquits à caution. (*Même décret, art.* 15). Voyez *Transit.*

Entrepôt des eaux-de-vie autres que de vin et des raisins de Corinthe.

Les eaux-de-vie de genièvre et les raisins de Corinthe jouissent à Roscoff, Morlaix, Saint-Malo, Cherbourg, Fécamp, Dieppe, Boulogne, Calais et Gravelines, d'un an d'entrepôt, pendant lequel ils peuvent être réexportés à l'étranger, en exemption de tous droits (*loi du 19 octobre* 1791, *art.* 1ᵉʳ): à Dunkerque et Ostende. (*Décisions des 18 ventose et 18 germinal an* 10).

Les rhums et les tafias sont aussi admis en entrepôt réel à Cherbourg. (*Loi du 8 floréal an* 11, *art.* 46.)

Le commerce doit fournir sur le port, à ses frais, des magasins convenables, sûrs et réunis en un seul corps de bâtiment et enceinte; le plan du local doit être présenté au gouvernement, pour être approuvé s'il y a lieu. (*Art.* 47.)

L'importation des rhums et tafias, et eaux-de-vie de genièvre, ne peut être faite que par des bâtimens de cent tonneaux et au-dessus. (*Art.* 48.)

ENTREPÔT A BAYONNE DES PEAUX D'AGNEAUX ET DE CHEVREAUX.

Les peaux d'agneaux et de chevreaux en vert, venant d'Espagne, jouissent à Bayonne de six mois d'entrepôt, pendant lesquels elles peuvent être apprêtées et ressortir pour l'étranger. Elles sont seulement assujetties aux déclarations et formalités d'usage, et au paiement des deux droits de la loi du 24 nivose. (*Arrêté du 17 floréal an* 5.)

TRANSIT.

On nomme ainsi le passage sur le territoire français, d'une marchandise expédiée de l'étranger à l'étranger.

La faculté de *transiter* est accordée aux laines non filées, arrivant d'Espagne à Bayonne, aux marchandises non prohibées à l'entrée, venant de l'Allemagne à destination de la Suisse, et reversiblement aux expéditions réciproques entre le royaume d'Italie et les entrepôts de Gênes, Livourne, Florence, Rome, etc., etc. *Voyez* les détails ci-après.

Transit des laines non filées, importées à Bayonne.

Les laines non filées arrivant d'Espagne à Bayonne, tant par mer que par les bureaux de Béhobie et d'Ainhoa, peuvent, à leur sortie de l'entrepôt, être réexportées en transit sur le territoire français. (*Loi du 7 septembre* 1807, *art.* 7.)

Elles doivent acquitter le droit de 2 fr. 4 c. par quintal métrique, imposé par la loi *du 24 nivose an* 5 sur les laines étrangères réexportées.

Transit par les départemens des Haut et Bas Rhin et du Mont-Tonnerre.

Les marchandises étrangères permises (à l'exception des

toiles peintes de pur fil) peuvent transiter par terre à l'é-
tranger , en entrant par les bureaux de Bourg-Libre et de
Strasbourg , et sortant par celui de Mayence , et réciproquement, mais toujours en suivant les routes directes. (*Loi
du 8 floréal an* 11 , *art.* 55, *et décret du 9 vendémiaire
an* 13.)

Elles acquitteront le droit de la balance du commerce. (*Loi
du 8 floréal an* 11 , *art.* 55.)

Les marchandises déclarées en transit doivent suivre leur
destination pour l'étranger , sans pouvoir être mises dans
l'entrepôt de Strasbourg : elles sont expédiées dans les formes
ordinaires , sous plombs et avec acquits à caution. (*Même loi ,
art.* 56.)

Les certificats de décharge ne sont valables qu'autant qu'ils
sont signés par le receveur et deux autres préposés. (*Art.* 58.)

Si les marchandises ont été soustraites , il y a lieu au quadruple des droits de consommation , et à une amende de
500 fr. contre les contrevenans.

Si elles sont reconnues être d'espèces différentes de celles
déclarées , les contrevenans doivent être condamnés à payer
la valeur des marchandises déclarées , au cours desdites marchandises , et à une amende de 500 fr. (*Art.* 57.)

Transit par le ci-devant Mont-Terrible.

Le transit de l'étranger à l'étranger , à travers l'ancien
département du Mont-Terrible , est accordé par le *décret
du 26 mai* 1793 , sous les mêmes conditions et formalités que
celui qui a lieu par les Haut et Bas-Rhin , et le Mont-Tonnerre.

Les formalités doivent être remplies dans les bureaux de
Reynach , Bristach , Crémines , Bienne , et La Cibourg,
substitué à Renans. (*Arrétés des* 19 *thermidor an* 6 , *et* 13
brumaire an 9.)

Le bureau de Perle y est ajouté. (*Arrété du* 25 *fructidor
an* 6.)

Les acquits à caution ne peuvent être déchargés que dans
les bureaux désignés par ces expéditions pour le passage à
l'étranger. (*Arrété du* 19 *thermidor, art.* 3.)

Transit de Hollande en Allemagne et en Suisse.

Les marchandises qui seront admises à l'entrepôt réel
d'Amsterdam , pourront être expédiées en transit pour l'Allemagne et la Suisse , par la navigation du Rhin. (*Décret
du* 18 *octobre* 1810 , *art.* 166.)

Il sera statué, par un décret spécial, sur les conditions et formalités qui seront attachées à la faculté du transit, sur les droits auxquels seront assujetties les marchandises qui en jouiront, et sur les bureaux de sortie où elles devront être déposées et vérifiées. (*Art.* 167.)

Transit de Bayonne pour l'Espagne.

Les denrées importées par mer dans le port de Bayonne peuvent en être expédiées pour l'Espagne, en sortant par les bureaux frontières d'Ainhoa et de Béhobie. (*Décret du 20 juillet 1808, art.* 57.)

La conversion des grosses balles, caisses et futailles en sacs et ballots de moindre volume, s'exécute dans l'entrepôt même de la douane et sous les yeux de ses préposés. (*Art.* 58.)

Les sacs et ballots sont expédiés sous plombs et par acquits à caution de la douane de Bayonne. (*Art.* 59 *et* 60.)

Ces acquits à caution doivent être déchargés par le bureau de sortie, après vérification des marchandises et reconnaissance des poids et des plombs. (*Art.* 61.)

Lorsque la douane juge convenable de faire accompagner les expéditions par des préposés, aux frais du négociant propriétaire, l'acquit à caution n'est déchargé que sur le certificat, tant desdits préposés que de ceux du service actif de Béhobie et d'Ainhoa, attestant le passage des marchandises à l'étranger. (*Art.* 62.)

Transit de Gênes pour le royaume d'Italie, et réciproquement.

La faculté du transit ordinaire, sous plomb et sous acquit à caution, est accordée, d'après la *loi du 30 avril 1806*, aux marchandises non prohibées, venant du royaume d'Italie à destination de l'entrepôt de Gênes.

Ces marchandises peuvent entrer par les bureaux de Casatisme, Sale et Saint-Pierre d'Arena du Pô. (*Même loi, art.* 61.)

Elles ne payent pour les droits de transit, que ceux imposés sur les marchandises françaises qui transitent par le royaume d'Italie (*traité de commerce du 20 juin 1808, art.* 8); *voyez* le tarif de ces droits à l'article *Royaume d'Italie.*

Les marchandises tirées de l'entrepôt de Gênes pour le royaume d'Italie, doivent acquitter par anticipation, à la sortie de l'entrepôt, les droits d'entrée dus aux douanes italiennes. (*Décret impérial , du 10 octobre* 1810 , *art.* 22 *et* 23.)

Après cette perception, elles sont exportées dans le royaume d'Italie par le bureau de Casatisme, précédemment ouvert à la sortie pour le transit ordinaire. (*Circulaire du* 20 *octobre* 1810.)

Le transport est effectué avec l'acquit de paiement. On continue en outre d'expédier sous plomb et sous acquit à caution , jusqu'au bureau de sortie , les marchandises dont les droits d'entrée en France excèdent ceux qui sont payés par anticipation pour les douanes italiennes. (*Idem.*)

Le sel , le tabac , la poudre et le salpêtre sont respectivement exceptés de la faculté du transit. (*Traité de commerce , art.* 8).

Transit par la Toscane et l'ancien Etat romain.

Ce transit est accordé par les décrets impériaux des 22 octobre 1808 et 1er *février* 1810 , au commerce réciproque du royaume d'Italie avec le royaume de Naples , et de ces deux états avec les entrepôts de Livourne , Florence , Rome et Civita-Vecchia.

Les marchandises prohibées en sont généralement exclues. (*Mêmes décrets.*)

Les bureaux ouverts à l'entrée et à la sortie pour le transit , sont ceux de Foligno , Pietra-Mala et Abetone , situés aux frontières du royaume d'Italie , et celui de Terracine aux frontières du royaume de Naples. (*Décret du* 1er *février, articles* 16 *et* 17.)

Les marchandises tirées des entrepôts de Livourne , Florence , Rome et Civita-Vecchia , à destination du royaume d'Italie , doivent payer par anticipation, à la sortie de ces entrepôts, les droits d'entrée dus aux douanes italiennes. (*Décret impérial du* 10 *octobre* 1810.)

Elles sont exportées avec l'acquit de paiement , par les bureaux de Foligno , Pietra-Mala ou Abetone ; on continue en outre d'expédier sous plomb et sous acquit à caution les marchandises dont les droits d'entrée en France excèdent ceux qui sont payés par anticipation pour les douanes italiennes. (*Circulaire du* 20 *octobre* 1810.)

Les mesures ordonnées par le décret impérial du 10 octobre , et les dispositions relatives au commerce des denrées coloniales et productions des deux Indes, restreignent le transit pur et simple , sous plomb et sous acquit à caution , aux marchandises originaires des royaumes d'Italie et de Naples, transportées de l'un à l'autre de ces royaumes , ou expédiées pour les entrepôts de la Toscane et de l'Etat Romain. (*Circulaire du 18 février 1811.*)

Ces marchandises ne paient pour droits de transit que ceux fixés par l'art. 7 du traité de commerce, passé entre la France et le royaume d'Italie (*décret impérial du 22 octobre 1808, art. 24, et décret du 1er février 1810, art 18); voyez* le tarif de ces droits à l'article *Royaume d'Italie.*

Le sel, le tabac, la poudre et le salpêtre sont respectivement exceptés de la faculté de transit. (*Traité de commerce, art. 8.*)

Transit des soies ouvrées du royaume d'Italie.

Les soies du royaume d'Italie, travaillées en trame et organsin, qui auront été expédiées sous plomb et acquit à caution, pour la douane de Lyon, et qui viendraient à être expédiées de cette douane sous les mêmes formalités, à destination de l'étranger, en passant par les bureaux ouverts à la sortie des soies du Piémont, ne paieront que 2 fr. 50 c. par kilogramme. (*Décret du 10 octobre 1810, art. 14.*)

ROYAUME D'ITALIE.

Importations de ce royaume en France.

Le traité du commerce du 20 juin 1808, articles 11 et 13 accorde une réduction de droits à l'entrée de l'empire, sur les objets désignés ci-après, provenant des fabriques ou du crû du royaume d'Italie. savoir : armes à feu, faulx et faucilles, chapeaux de paille et d'écorce, cire blanche, cordages de chanvre, fils de lin et de chanvre, gazes de soie, fromages, huile d'olive, parapluies de toile cirée, raisins secs ; toiles de chanvre et de lin, toiles à voile, grains de verre, vins ordinaires et de liqueur, et produits de la pêche italienne ; *voyez* ces articles au tarif d'entrée.

Ces marchandises, suivant l'article 15, doivent être accompagnées d'un certificat du négociant expéditionnaire, visé par l'administration locale, et d'expéditions délivrées dans les douanes italiennes.

Elles ne peuvent être introduites par terre, que par les bureaux des douanes françaises placés sur les frontières du royaume d'Italie.

Si elles ont été chargées dans les ports de Venise, Garo, Rimini, Sinigaglia, Ancône......... elles peuvent entrer par Livourne, Gênes, Savone, Nice, Marseille, Toulon, Cette, Bordeaux, Nantes, Brest, le Hâvre et Anvers : elles ne sont admises dans ces ports, que sur la représentation des certificats et expéditions ci-dessus prescrits. (*Même article.*)

Les fabricans du royaume d'Italie qui veulent envoyer en France, des draps et étoffes de laine provenant de leurs fabriques, doivent se pourvoir d'un permis du ministre de l'intérieur dudit royaume. (*Décret du 10 octobre 1810, art.* 10.)

Ces draps et étoffes de laine sont admis en France par les bureaux de Verceil, Casatisme, Pietra-Mala, Plaisance et San-Prospero, sur la représentation du certificat du fabricant ou négociant expéditionnaire, visé par l'autorité locale, et des expéditions italiennes, ils payent à leur entrée dans l'empire, la moitié des droits fixés par le tarif italien. (*même article.*) *Voyez* ce tarif, page 132. "

L'admission en est accordée sous les mêmes conditions par le bureau de Foligno. (*Décret du 27 novembre 1810.*)

Le riz exporté du royaume d'Italie, les soies et les crêpes de soie, du crû et des fabriques de ce royaume, sont exempts de droits d'entrée en France. (*Décret du 10 octobre 1810, art.* 13 *et* 19.)

Importations de France dans le royaume d'Italie.

Les marchandises ci-après désignées, provenant des fabriques françaises, ne payent à leur entrée dans le royaume d'Italie, que la moitié des droits fixés par le tarif italien ; savoir : étoffes, bonneterie et rubans de soie ; toiles de chanvre et de lin, linons et batistes, bijouterie, ouvrages d'horlogerie, ouvrages de modes, meubles de toute espèce, dentelles, passementerie, galons de toute espèce; ouvrages en cuir et peau, de toutes sortes; cuirs préparés, chapellerie, quincaillerie, aiguilles et épingles, papiers peints pour tapisserie, savons. (*Traité de commerce du 20 juin 1808, art.* 1er.)

Les produits de la pêche française jouissent de la même modération de droits. (*Même article.*)

Les porcelaines de toutes sortes des fabriques françaises n'acquittent que 50 fr. par quintal net. (*Art.* 5.)

Les vins fins ou de luxe, de toute espèce, du crû de France, ne doivent que 5 francs par quintal, lorsqu'ils sont en cercles, et 25 c. par litre, lorsqu'il sont en bouteilles. (*Art.* 5.)

Les vins communs, vinaigres et eaux-de-vie, ne payent que la moitié des droits du tarif existant. (*Même article.*)

Les vins sont assujettis aux droits de consommation établis sur ceux du pays. (*Art.* 11.)

Ces objets sont admis par les douanes italiennes, lorsqu'ils sont accompagnés d'expéditions délivrées dans les

r

douanes françaises, et du certificat du négociant expéditionnaire, visé par l'administration locale.

Ils ne peuvent entrer, par terre, que par les bureaux des
douanes italiennes placés sur les frontières de France, et
par mer, que par les ports de Venise, Goro, Rimini, Sinigaglia, Ancône........(*Art.* 6.)

Les marchandises chargées dans les ports de France pour
ceux d'Italie, ci-devant dénommés, doivent être mises sous
le plomb de la douane du port d'embarquement. (*Même
article.*)

Les ouvrages de coton (y compris ceux mêlés de fil, de
laine ou de soie), expédiés de France pour le royaume d'I-
talie, doivent être accompagnés d'expéditions délivrées par
les douanes françaises, et de certificats de fabricans français expéditionnaires, visés par l'administration locale. (*Décret
du* 10 *octobre* 1810, *art.* 2.)

Les négocians français non fabricans ne peuvent faire ces
expéditions que sur la représentation d'un certificat délivré
par un fabricant français, muni d'un permis du ministre
de l'intérieur. (*Même décret, art.* 3.) (1)

Ces marchandises ne peuvent passer de France en Italie,
que par les bureaux de Verceil, Casatisme, Plaisance, San-
Prospero, Pietra-Mala et Foligno : elles sont admises par les
douanes italiennes de Borgo - Vercelli, Mezzana - Corti et
autres qui correspondent aux bureaux français désignés, et
n'acquittent, à leur entrée dans ce royaume, que la moitié
des droits fixés pour chaque espèce par le tarif italien. (*Décret du* 10 *octobre, art.* 7 *; et décret du* 7 *mars* 1811, *article* 1er.)

Les draps, étoffes et autres ouvrages de laine, expédiés

---

(1) Le ministre de l'intérieur ne délivre ces permis qu'après avoir
pris tous les renseignemens propres à lui donner l'assurance que ceux
qui les demandent, fabriquent les marchandises qu'ils veulent exporter,
et dans des quantités et qualités analogues à leur déclaration. (*Décret
du* 10 *octobre, art.* 4.)

Ces permis sont valables pour six mois. (*Art.* 5.)

Les marchands fabricans qui achètent dans les halles et marchés,
ou à domicile, des tissus de coton ou mélangés de cette matière, fabriqués dans des ateliers privés, soit dans les villes, soit dans les cam-
pagnes, et qui leur font donner les préparations du blanchissage, de
l'impression, etc., ou qui en font seulement le commerce en grand,
sont aptes à recevoir des permis de délivrer des certificats d'origine
desdites marchandises. (*Décret du* 18 *février* 1811, *art.* 1er.)

Ils sont assujettis, pour obtenir ces permis, aux mêmes formalités
que les fabricans proprement dits, c'est-à-dire, qu'ils doivent produire
au ministre des attestations du préfet de leur département, et que le
conseil général des fabriques et manufactures sera consulté sur l'existence
commerciale de ces marchands fabricans, sur leur moralité, et leur
éloignement de toute pratique et manœuvre relative à la fraude. (*Article* 2.)

de France pour ledit royaume, ne peuvent sortir que par les bureaux de Verceil, Casatisme, Plaisance, San-Prospero, Pietra-Mala et Foligno ; ils sont admis par les douanes italiennes de Mezzana-Corti et Borgo-Vercelli, et autres qui correspondent aux bureaux français désignés, sur la représentation des certificats des fabricans ou négocians, visés par l'autorité locale, et des expéditions de douanes françaises. Ils acquittent, suivant les espèces et qualités, la moitié des droits du tarif italien. (*Décret du 10 octobre, art. 9; et décret du 7 mars 1811, art. 1er.*)

La circulation du numéraire est libre entre les deux états. (*Décret du 10 octobre, art. 20.*)

L'importation réciproque des objets de librairie est affranchie des formalités prescrites par le décret impérial du 5 février 1810, et des droits particuliers imposés par celui du 14 décembre suivant, sur la librairie étrangère. (*Art. 21 et circulaire du 31 janvier 1811.*)

Transit sur le territoire italien.

Les marchandises provenant du crû de France ou de ses fabriques, qui sont expédiées pour la Suisse, l'Allemagne et tous les autres pays étrangers, en passant par le royaume d'Italie, ne sont assujetties, dans ce royaume, qu'au paiement de la moitié des droits fixés par le tarif du transit annexé au tarif général italien du 2 décembre 1803. (*Traité de commerce, art. 7.*) Voyez ce tarif ci-après, pag. 133.

Pour le transit à destination de l'Illyrie et du Levant, voyez provinces Illyriennes.

Les marchandises expédiées de France à destination du port franc de Venise, sont affranchies de tous droits de transit. (*Traité de commerce, art. 10.*)

Le sel, le tabac, la poudre et le salpêtre, sont exceptés de la faculté du transit. (*Même article.*)

Les marchandises tirées des entrepôts de Milan et de Venise, à destination de la France, doivent payer, par anticipation, à la sortie de ces entrepôts, les droits dus aux douanes françaises. (*Décret du 10 octobre, art. 22 et 23.*)

Droits de magasinage.

Les denrées et marchandises expédiées respectivement pour l'un des deux états, soit pour la consommation, soit pour passer à l'étranger, ne doivent que la moitié des droits de garde et de magasinage qui sont ou pourront être établis dans les deux états, pour les marchandises venant d'autres pays. (*Traité de commerce, art. 16.*)

Droits de navigation.

Les bâtimens italiens entrant dans les ports de France, et les bâtimens français entrant dans les ports du royaume d'Italie, ne paient que la moitié des droits de navigation imposés sur les bâtimens étrangers. (*Traité de com., art.* 17.)

Extrait du tarif italien.

Droits d'entrée sur les draps et étoffes de laine.

Nota. Ces droits sont dus par *braccio*, répondant à 595 millimètres.

	Droit du Tarif italien.		Demi-droit dû à l'entrée en France.	
	fr.	c.	fr.	c.
Bayette et Espagnolette..........		20		10
Bouracan de fil et laine, mi-laine, ou moitié fil et laine..............		14		7
Buratti en pièces, *per abburattare*..	«	10	«	5
Camelots ordinaires, y compris ceux de Léipsick, bouracans, burats, *chinettes*, *duranti*, *grograni*, *creponi*, diablement-forts, éternels, *trifort* et semblables.................	«	20		10
Casimirs n'excédant pas la largeur de 16 pouces................	«	77	«	38 $\frac{1}{2}$
S'ils sont d'une plus grande largeur.	«	98	«	49
Droghetto..................	«	27	«	13 $\frac{1}{2}$
Peluche et velours de laine n'excédant pas la largeur de 12 pouces.....	«	39	«	19 $\frac{1}{2}$
S'ils sont d'une plus grande largeur.	«	58	«	29
Flanelle, *Pariglia* et *Penia*.......	«	23	«	11 $\frac{1}{2}$
Malbroug *in spiga*.............	«	20	«	10
Malbroug, excepté celui *in spiga*, n'excédant pas la largeur de 12 pouces.	«	10	«	5
Idem, d'une plus grande largeur...	«	16	«	8
Molleton..................	«	39	«	19 $\frac{1}{2}$
Draps fins et demi-fins, comme ceux de Flandres, de Hollande, d'Espagne, de Limbourg, d'Abbeville, de Louviers, de Sédan, Paignon, d'Elbeuf, de Carcassonne, de Padoue, de Schio, et autres semblables, de quelque largeur				

	fr.	c.	fr.	c.

qu'ils soient, y compris les draps de bil-
lard...................................... 1 16 « 58

Draps ordinaires qui n'ont pas la
largeur de 25 pouces, comme ceux de
Lodève, *Neusotto*, *Sesino*, *Gianizzero*,
Karsei, *Pergolo*, *Ceneda*, *Feltrino*,
Bassano, *Cottoncino*, et autres sem-
blables, et ceux de *Schio* ordinaires.. « 39 « 19 ½

Draps fins de 27 pouces.......... « 58 « 29

Ceux de plus de plus de 27 pouces.. 1 16 « 58

Draps ordinaires, communs, non
teints, non cardés, non tondus, non
apprêtés................................. « 20 « 10

Drap de *Rodella* ou d'agneau...... « 16 « 8

Draps dit petit-poil et *Roverso*.... « 39 « 19 ½

Petit-poil fin, dit de castor, de
laine fine; calmoucks et alpagats de
poil mêlés de laine................... « 58 « 29

Draps perpétuels, londrins, Sélésirs
et autres semblables, n'excèdent pas la
largeur de 16 pouces................. « 47 « 23 ½

S'ils sont d'une plus grande largeur.. « 70 « 35

Ratines fines; comme draps fins.
Ratines ordinaires; comme draps
ordinaires.

Serge de laine, et étamine........ « 20 « 10

Extrait du Tarif de transit italien.

Nota. Les droits établis au *quintal*, sont calculés sur l'ancien poids
de 100 lb. de *Milan*, qui répond à 32 kilogrammes 68 décagrammes.

	Droits du Tárif de 1803.		Moitié des droits d'après le Traité de commerce	
	fr.	c.	fr.	c.

Première classe. Soie, ouvrages de
soie, mêlés d'or et d'argent; or et argent, filés ou en masse, dans quelque
ouvrage que ce soit; montres de poche;
dentelles; corail; perles fines; cristal de
roche; pierres précieuses, brutes ou
travaillées; par quintal.............. 4 61 2 30 ½

Deuxième classe. Drogues de toute
qualité, y compris celles à l'usage de

	fr.	c.	fr.	c.

la médecine et de la teinture , et les
matières analogues ; porcelaine fine ,
fleurs artificielles de toute matière ; or
et argent filés ou travaillés ; articles qui
dépendent de la soie, comme filoselle ,
soies manufacturées ou mêlées d'autres matières ; laine , coton , peaux ,
pelleteries ; le tout ouvré ou non ouvré ;
par quintal.................................. 2 31 | 1 15 ½

Nota. Les épiceries et denrées coloniales dépendent de cette classe.

TROISIÈME CLASSE. Toute matière qui
n'est pas comprise dans les classes pré-
cédentes , et qui n'est pas spécifiée sé-
parément, doit par quintal......... 1 54 | « 77

Citrons , oranges et fruits venant de
Gênes, par quintal................. « 77 | » 58 ½

Œufs , volaille , gibier , poisson frais ,
par quintal......................... « 58 | « 29

Eau-de-vie simple , par quintal.... 1 54 | « 77

Vinaigre et vin commun , par quintal. « 23 | « 11 ½

Herbages et fruits frais , y compris
le raisin , par quintal.............. « 12 | « 6

Riz pelé et riz en écorce , par quintal. « 47 | « 23 ½

Gros et menus grains et leurs farines ,
légumes, lupins , graine de lin , noix ,
noisettes , châtaignes , avoine , épautre
et son , par quintal............... « 35 | « 17 ½

Bois travaillés et garnis de fer, de la
classe des ouvrages ordinaires; tous les
autres bois qui sont taxés par nombre
et par mesure , dans les articles rela-
tifs au tarif d'entrée , par quintal.... « 58 | « 29

Bois pour faire différens ouvrages , et
tous ceux qui, dans le tarif d'entrée,
sont taxés par charriot, y compris les
tonneaux , les cuves et objets semblables , le charbon et le menu charbon ;
par charriot....................... 3 7 | 1 53 ½

Fétu et ses ouvrages , nattes, foin ,
paille , fourrages, roseaux , fumier et
objets semblables , par charriot....... 2 31 | 1 15 ½

Chaux, plâtre, sable, cailloux, pierres , marbres de toute espèce , ouvrages
de marbre , vases , briques, et tous autres ouvrages de terre cuite , non vitri-
fiés , par charriot................. 1 54 | « 77

	fr.	c.	fr.	c.

Bœufs , taureaux, vaches , chevaux , mulets, gros porcs, la pièce............ 1 16 « 58

Jeunes bœufs , veaux, ânes, la pièce « 58 « 29

Chèvres, brebis, moutons, agneaux , chevreaux, cochons de lait, la pièce.. « 4 « 2

Voitures , calèches , brancards et au-tres semblables, la pièce............ 7 68 3 84

PROVINCES ILLYRIENNES.

Les droits de douanes , tant à l'entrée qu'à la sortie de ces provinces , sont fixés par des tarifs particuliers , lesquels sont communs à *la Haute et Basse Carniole*, au *cercle de Villack*, à celui *de Gorice* , à l'arrondissement de *Trieste* et *Montefalcone* , à *Fiume*, à *l'Istrie* , à la *Croatie civile et militaire*, située à la droite de la Save , à la *Dalmatie*, aux provinces de *Raguse* et du *Cattaro*. (*Décret du 27 novembre* 1810 , *art.* 1er.)

Les fers et aciers en lames et en barres, le plomb en saumon , le soufre en canons, venant des provinces Illyriennes, ainsi que les produits de leur sol, destinés pour la France, en passant par l'Italie, ne seront soumis à aucun droit de transit, et n'acquitteront, à leur entrée dans l'empire, par Verceil ou Casatisme , que la moitié des droits du tarif français. (*Même décret, art.* 14.)

Les draps , étoffes , soieries, toiles et autres marchandises de fabrique française , expédiés pour le Levant , et qui traverseront l'Italie et l'Illyrie pour se rendre en Dalmatie , en Bosnie , et dans toute la Turquie d'Europe , ne payeront à leur passage dans les douanes italiennes et illyriennes , pour droit de transit, que celui de balance, tel qu'il est fixé par le tarif de l'empire. (*Art.* 11.)

Les marchandises qui transiteront en exécution de cette disposition, sortiront de France par les bureaux de Verceil ou Casatisme, passeront par Milan , et de Milan , par Cassano , Brescia , Vérone , Vicence et Venise, pour y être embarquées ou expédiées par terre, en passant par le Frioul , jusqu'à l'Izonzo. (*Art.* 12.)

Réciproquement , les cotons du Levant et autres marchandises de même origine , dont l'importation est permise, qui seront expédiés pour la France , en passant par les provinces Illyriennes et le royaume d'Italie, arriveront à Verceil ou à Casatisme, sans payer d'autres droits que celui de balance. (*Art.* 13.)

Les droits de navigation seront perçus dans les ports des

provinces Illyriennes, conformément à la loi du 27 vendémiaire an 2. (*Même décret*, art. 4.)

Les lois et réglemens de l'empire relatifs aux déclarations, tant à l'entrée qu'à la sortie, aux visites et vérifications, acquits à caution de transit et de circulation, aux entrepôts, l'acte de navigation, à la contrebande, aux saisies, amendes et confiscations, recevront leur exécution dans ces provinces. (*Art.* 19.)

SUISSE.

Il est accordé, du 1er juin au 15 novembre de chaque année, à tous les habitans suisses des cantons limitrophes de la France, la libre exportation des denrées provenant des biens fonds dont ils seraient propriétaires sur le territoire français, à une lieue des frontières respectives, et réciproquement en faveur des français qui auraient des propriétés foncières en Suisse.

L'exportation et l'importation de ces denrées territoriales seront libres et exemptes de tous droits, lorsque les propriétaires respectifs auront rempli les formalités exigées par les autorités compétentes des deux puissances. (*Traité d'alliance*, *du 27 septembre* 1803, *art.* 10.)

Les beurres sont compris comme *denrées* dans cette disposition. En conséquence, ceux provenant des propriétés suisses peuvent sortir librement et en exemption de droits, à la charge de fixer d'avance la quantité qui devra être exportée.

A l'égard des fromages, comme ils sont plutôt une production industrielle que territoriale, ils doivent acquitter les droits ordinaires de sortie. (*Décision du 24 fructidor an* 12 *et circulaire du* 28.)

CABOTAGE entre les ports français.

Les bâtimens qui sortiront des ports français à destination d'autres ports de l'empire, seront tenus de s'y rendre directement. Il leur sera délivré des acquits à caution, et les soumissions qui auront été souscrites, ne seront annullées que lorsque ces acquits auront été rapportés avec un certificat d'arrivée dans les ports de France. (*Décret du* 25 *juillet* 1810, *article* 2.) (1)

Tout transport d'un port de France à un autre de l'empire, ne peut être fait que par des bâtimens français : il est

_____

(1) Aucun navire ne peut sortir d'un port de l'empire à destination d'un port étranger, s'il n'est muni d'une licence signée de la main de Sa Majesté (*Décret du* 25 *juillet* 1810, *art.* 1er.)

interdit aux navires étrangers , s'il ne leur a été accordé
une permission signée de la main de Sa Majesté , et dont
M. le directeur général des douanes aura donné connaissance aux préposés. (*Ordre de Sa Majesté , transmis par
lettre du ministre, du 2 juillet 1810 , et circulaires des 3 et
7 du même mois.*)

Cabotage entre les ports français et les ports napolitains ou espagnols.

Les bâtimens napolitains , chargés des denrées du crû de
leur pays, dont l'entrée est permise en France (1) , et pour
lesquelles il sera représenté des certificats d'origine délivrés
par le consul de France à Naples, seront admis dans nos
ports , et pourront en exporter les produits des fabriques
françaises. (*Décret du 28 août 1810 , art. 1er.)*

Lorsque ces bâtimens sortiront des ports de France , leur
destination pour le royaume de Naples sera assurée par des
acquits à caution , qui devront être rapportés avec un certificat d'arrivée délivré par le consul de Sa Majesté à Naples.
(*Même décret, art. 2.)*

Le consul adressera des *duplicata* de ses certificats à M. le
directeur général des douanes, dont on devra attendre l'ordre
pour annuler les soumissions. (*Circulaire du 31 août 1810.)*

Les bâtimens français pourront se rendre des ports voisins
de l'Espagne, dans ceux de ce royaume soumis à l'autorité
légitime , avec des produits des fabriques françaises , ou des
denrées ou objets destinés à l'approvisionnement de nos armées , sous la formalité d'acquits à caution , qui seront revêtus d'un certificat d'arrivée par les autorités françaises.
(*Même décret, art. 3.)*

Réciproquement les bâtimens espagnols venant des ports
de ce royaume soumis à l'autorité légitime , seront admis
dans les ports de France voisins de l'Espagne, avec des denrées du crû du pays , dont l'entrée est permise en France (2),
s'ils sont accompagnés de certificats des autorités françaises
dans le port du départ, tant pour le navire que pour sa
cargaison. Ces mêmes bâtimens pourront charger en retour
des marchandises des fabriques françaises , ou des denrées
et objets destinés à l'approvisionnement de nos armées ,

(1) Ce qui exclut non seulement les denrées coloniales , mais encore
toutes productions quelconques, étrangères au sol du royaume de Naples.
(*Circulaire du 31 août 1810.)*
(2) Autres que les cotons, sucres, et toutes marchandises pareilles
aux denrées coloniales , lesquelles ne peuvent être apportées sur des
bâtimens faisant le cabotage.

pareillement sous la formalité d'acquits à caution , qui devront être rapportés avec un certificat d'arrivée délivré par les autorités françaises. (*Même article.*)

Les bâtimens qui font le cabotage de la Méditerranée pourront être expédiés pour le royaume de Naples ; mais pour assurer cette destination , ils devront être accompagnés d'acquits à caution qui seront revêtus d'un certificat d'arrivée par le consul de Sa Majesté à Naples. Ce consul adressera un *duplicata* de son certificat à M. le directeur général des douanes , dont on attendra l'ordre pour annuller les soumissions. (*Décret du 25 juillet* 1810 , *art.* 3 , *et circulaire du* 27.)

Crédit des droits d'entrée.

Lorsque les propriétaires ou consignataires de marchandises et denrées coloniales n'acquitteront pas immédiatement les droits d'entrée en espèces ou en traites à toute satisfaction , les receveurs des douanes admettront des obligations commerciales à trois mois de date ; mais pour en garantir le paiement à l'échéance , une partie des marchandises ou denrées équivalente au montant de ces droits , restera en dépôt dans les magasins de la douane. (*Décret du 6 février* 1811 , *art.* 1er.)

Pour déterminer la quantité des marchandises ou denrées qui devra rester à la douane comme gage des droits acquis au gouvernement , les qualités de chaque espèce seront exactement vérifiées, et l'estimation en sera faite au cours de la place de commerce où se trouveront les marchandises , ou au dernier cours connu de la place de Paris, au choix du receveur , et sous la déduction de 20 p. $\frac{0}{0}$ sur le prix du cours qui servira de régulateur. (*Art.* 2.)

Les marchandises retenues à la douane représentant une somme acquise au gouvernement au moment de leur arrivée en France , tous créanciers du négociant qui les auraient remises en nantissement , quelle que soit la classe dans laquelle se trouveraient leurs créances , même privilégiées , n'auront aucuns droits à exercer sur ces marchandises. (*Article* 3.)

Les marchandises retenues pour garantie des droits de douanes , seront en outre soumises à celui de 1 p. $\frac{0}{0}$ de leur valeur pour frais de magasinage. (*Art.* 4.)

Lorsque les obligations remises au receveur de la douane, ne seront pas acquittées à leur échéance , la vente des marchandises pourra être faite immédiatement. Si le produit excède le montant des obligations et des frais de magasinage, l'excédant sera remis au propriétaire , ou , s'il y a ouverture à une faillite , entre les mains du syndic , au profit de la masse. Dans le cas où le produit de la vente sera inférieur au montant des sommes à recouvrer par la douane, celui qui aura souscrit les obligations, sera poursuivi par les voies de droit. (*Art.* 5.)

Droit de balance du commerce.

Pour assurer l'exactitude des tableaux d'importation et d'exportation, et subvenir aux frais de leur confection, il sera perçu 15 centimes par 100 francs de valeur, sur les objets dont la sortie est permise, et qui ne sont pas assujettis à des droits; et le même droit ou 25 centimes par cinq myriagrammes, au choix du redevable, sur les productions étrangères qui jouissent d'une franchise absolue à l'entrée, les grains et bestiaux exceptés. (1) (*Loi du* 24 *nivose an* 5, *art.* 2.)

Cette loi ne contenant pas d'exceptions, les marchandises qui jouissent d'un transit franc ou d'un entrepôt pour la réexportation, doivent le droit de 25 centimes par quintal, ou de 15 centimes par 100 francs de valeur. Ce droit est acquis par le seul fait de l'entrée de ces marchandises sur le territoire français. (*Décision du ministre, du* 7 *frimaire an* 6, *relative à des marchandises venues de Hollande dans l'entrepôt alors existant à Louvain.*)

On doit percevoir le droit en délivrant l'acquit à caution pour la réexportation.

Il faut prévenir les redevables de l'option entre le droit de 25 centimes par quintal, et celui de 15 cent. par 100 fr. de valeur. (*Décision du* 3 *pluviose an* 7.)

On ne doit que le droit fixé pour l'entrée. (*Décisions des* 7 *thermidor et* 2e *complémentaire an* 5.)

Les navires de prises (conduits directement dans les ports de France) doivent ce droit.

Il en est de même des marchandises de prises affranchies des droits du tarif, et qui sont retirées de l'entrepôt pour la réexportation, et de celles admises au retour.

Le droit d'entrée et de sortie, de la loi du 24 nivose, est dû sur les peaux d'agneaux et de chevreaux entreposées à Bayonne. *Voyez* Entrepôt.

_____

(1) Les grains destinés à être réexportés doivent ce droit, à raison du transit franc, résultant de l'entrepôt permis par la loi du 17 novembre 1790 ; mais il n'est point exigible sur ceux déchargés des navires qui entrent, par relâche forcée, pour être réparés. (*Décision du* 8 *fructidor an* 8.)

Marchandises de retour de l'étranger, admises en franchise.

Le commerce jouit de la faculté de faire revenir, en exemption de droits, de l'étranger, les marchandises françaises qui n'ont pu y être vendues, pourvu que l'origine nationale puisse être reconnue, soit par des marques de fabrique, soit par des caractères inhérens de cette origine. (*Décision du 27 août 1791.*)

La demande doit en être formée à M. le directeur général des douanes, et il faut joindre au mémoire l'extrait légalisé du registre d'envoi portant facture, et l'acquit de sortie.

Les acquits émanés de la douane de Paris doivent être revêtus d'un certificat de sortie, délivré par les employés du bureau par lequel l'exportation a eu lieu. Les marchandises qui en font l'objet, sont expédiées par acquit-à-caution pour cette douane, où la reconnaissance est faite par les commissaires experts du gouvernement.

La faveur du retour en franchise ne peut avoir lieu pour ce qui n'est pas susceptible de reconnaissance.

Elle a été refusée pour des vins et liqueurs, attendu qu'étant susceptibles de mélange et de contrefaction, leur origine nationale ne peut être constatée à leur retour de l'étranger. (*Décision du ministre des finances, du 7 frimaire an 6.*)

Mais elle a été accordée aux linons et batistes, quoique sans marques, parce qu'il a été reconnu qu'on n'en fabrique qu'en France.

Les dentelles de point d'Argentan et d'Alençon, jouissent de la même faveur, et par les mêmes motifs. (*Décision du 6 juillet 1792.*)

Par des exceptions particulières, le retour en franchise est accordé aux vases de cuivre nommés estagnons, dans lesquels on renferme les essences expédiées pour l'étranger. Il suffit de représenter l'acquit de sortie, contenant la désignation de leurs poids et grandeur, et la réserve de les faire revenir. (*Décision du 2 brumaire an 6.*)

Aux bouteilles de verre ayant servi à l'exportation de l'huile de vitriol. (*Décision du 17 floréal an 6.*)

Aux bouteilles de verre exportées de Genève, pleines d'eau minérale artificielle. (*Décision du 2 vendémiaire an 7.*)

Toutes les marchandises de retour doivent le droit établi par l'article 2 de la loi du 24 nivose an 5, de 25 centimes par quintal, ou 15 centimes par 100 fr. de valeur.

Il est des retours *obligés*, celui des futailles que l'on ne laisse sortir vides pour la pêche de la baleine, que sous la soumission de les faire rentrer pleines.

Décime additionnel de 10 centimes par franc.

Une loi du 6 *prairial an* 7 , ordonne , *article* 1er , la perception au profit de l'état, à titre de subvention extraordinaire de guerre , pour l'an 7 , d'un décime par franc sur les droits de douane à l'importation , l'exportation et la navigation.

Cette subvention sera perçue en même tems que le principal , et par les mêmes préposés ; il en sera compté par un article séparé. (*Art.* 2.)

La loi du 20 *avril* 1810 ayant prorogé pour 1811 , les contributions indirectes établies pour 1810 , le décime par franc addititionnel aux droits de douane et de navigation , qui comprennent celui de balance du commerce , doit continuer à être perçu.

Nota. Le principe du décime additionnel ne s'applique point au droit de consommation sur les sels , ni aux droits perçus sur les grains dont S. Majesté autorise la sortie.

TARIF DES DROITS DE NAVIGATION,

d'après le décret du 27 vendémiaire an 2, non compris le décime par franc.

CE tarif ayant pour objet de favoriser la construction et la navigation françaises , on a dû prendre des mesures pour empêcher les constructions et navigations étrangères de jouir des mêmes avantages.

Ainsi un bâtiment, quoique de construction française , n'en a les priviléges qu'autant que ses officiers et les trois quarts de l'équipage sont français. (*Loi du 21 septembre* 1793 , *art.* 2.)

Les bâtimens appartenant aux îles françaises , pour être reconnus nationaux , doivent produire un certificat des préfets coloniaux , qui atteste cette nationalité. (*Lettre du ministre de la marine , du 10 thermidor an* 10.)

Quoique la loi du 19 mai 1793 ait permis l'entrée des navires étrangers , la francisation doit en être refusée. (*Circ. du* 23 *pluviose an* 10.)

Le navire étranger échoué ou devenu propriété française , pouvant être francisé quand il a reçu des réparations dont le montant a été du quadruple du prix de la vente (*loi du 27 vendémiaire*, art. 7.), il a fallu empêcher qu'il ne fût abusé de cette disposition.

La valeur doit être constatée par l'estimation de trois experts nommés d'office ; un par la douane, un par la marine, le troisièm par le tribunal de commerce. Cette estimation pourra avoir lieu devant les officiers du port, et le procès-verbal en sera dressé par triple expédition. (*Ainsi convenu entre les ministres des finances et de la marine, le 29 thermidor an 10.*)

On ne doit délivrer d'acte de francisation à ces bâtimens, que sur la représentation du contrat de propriété française et du procès-verbal, en due forme, des réparations faites au quadruple ; l'acte expédié doit relater l'une et l'autre. (*Circulaire du 7 fructidor an 10.*)

Acte de francisation.

D'après l'art. 26, il est dû par un bâtiment jusqu'à 100 tonneaux inclusivement..................... 9 fr.

De 100 tonneaux jusques et compris 200....... 18

De 200 tonneaux et au-dessous de 300......... 24

De 300 tonneaux et au-dessus, 6 francs de plus par chaque cent tonneaux.

L'inscription au dos de cet acte, de la vente de partie du bâtiment. (*Art.* 17.).............. 6

On ne doit que le même droit, quoique le bâtiment soit vendu en totalité.

Si on le vendait en quatre portions distinctes, il y aurait quatre endossemens ; il serait dû autant de 6 francs.

Celui qu'un héritage rend propriétaire d'un bâtiment doit le droit, parce qu'il y a mutation de propriété à inscrire. (*Décision du 2 germinal an 7.*)

Si, lors d'une seconde vente ou transmission, on reconnaissait que celle antérieure n'aurait point été inscrite, il faudrait faire payer, avec le second droit, le premier non acquitté. (*Lettre du 12 vendémiaire an 6.*)

Les ventes de navires peuvent être reçues par les courtiers. (*Lettre du ministre, du 15 ventose an 12.*)

Congé.

Pour un bâtiment non ponté. (*Art.* 6.)........ 1 fr.

Un bâtiment ponté au-dessous de 30 tonneaux. (*Même art.* 6.)............................... 3

Un bâtiment ponté de 30 tonneaux et au-dessus. (*Art.* 26.)................................... 6

Quoique ces derniers congés ne soient valables que pour un voyage, les bâtimens expédiés pour un port étranger peuvent y prendre des chargemens à toute destination ; mais ils sont tenus de revenir dans un port de France, à l'effet d'y renouveler leurs congés, au moins dans le cours de l'année. (*Décision du 5 pluviose an* 11.)

Souvent un navire expédié d'un port pour un autre **de** France, ne revient pas directement dans le port du départ ; si, dans celui de sa destination, il prend un chargement pour l'étranger ou pour un autre port de France, il fait un second voyage ; dès-lors il doit renouveler son congé. (*Même décision.*)

Les bâtimens employés dans le Levant, qui ne seront pas revenus en France une année après la date du congé qui leur aura été délivré lors de leur départ, paieront double le droit du premier congé qui leur sera expédié à leur retour. Les armateurs et capitaines seront même tenus de justifier, par des certificats des commissaires des relations commerciales, des causes qui auront empêché les bâtimens de revenir en France dans le délai d'une année. (*Même décision.*)

A l'égard de ceux qui ne seraient pas revenus en France dans l'espace de deux années, la soumission qu'ils auront souscrite conformément à l'article 11 de la loi du 27 vendémiaire an 2, sera exécutée. (*Même décision.*)

Passeport.

Passeport nécessaire à un bâtiment étranger, par assimilation à un certificat. (*Art.* 37.) . . . .   1 fr.

Droit de tonnage.

Sa quotité par tonneau. (1)

Un bâtiment français au-dessus de 30 tonneaux, venant d'un port français sur l'Océan dans un autre port sur l'Océan, ou d'un port français sur la Méditerranée dans un autre sur la Méditerranée, doit (*art* 30), 15 centimes ;

Venant d'un port français sur l'Océan dans un sur la Méditerranée, et réversiblement (*même article*), 20 centimes ;

---

(1) Ce droit étant imposé sur la contenance et non sur le volume du navire, les dimensions pour la jauge doivent toutes être intérieures. (*Circulaire du 8 thermidor an* 10.)

Il n'est exigible que vingt jours après l'arrivée du bâtiment, mais il doit être acquitté avant le départ (*loi du 4 germinal, tit.* 3, *art.* 12) ; on peut prendre des sûretés pour en assurer le paiement.

Venant des colonies et comptoirs des français en Asie, en Afrique, en Amérique, dans un port de France (*art.* 31), 30 centimes.

Tout bâtiment étranger (1) venant dans un port de France, (*art.* 33), 2 fr. 50 cent.

Droit de tonnage relativement aux chargemens et déchargemens dans différens ports.

Un bâtiment étranger qui, après avoir chargé des productions nationales dans un port de France, va completter sa cargaison en marchandises aussi nationales dans un autre port où il ne fait pas de déchargement et ne reçoit point de réparation, n'est assujetti qu'à un seul droit de tonnage. (*Décision du* 8 *frimaire an* 10.)

Cette faveur est étendue aux navires qui sortent du premier port sur leur lest, pour aller commencer leur chargement de retour dans un autre port ; et ce chargement peut être composé en tout ou en partie de marchandises étrangères prises dans nos entrepôts. (*Décision du* 12 *germinal an* 13.)

Il ne serait également dû qu'un droit de tonnage sur un bâtiment dont la majeure partie du chargement consisterait en comestibles, quoique le déchargement s'en fît dans plusieurs ports, et que, même après, ce navire allât sur son lest dans un autre port pour y prendre un chargement de retour. (*Arrêté du* 26 *ventose an* 4, art. 1er.)

Droit de tonnage relativement aux relâches forcées.

Le droit de tonnage est essentiellement droit d'abord, perceptible par le seul fait de l'entrée d'un navire dans nos ports ; aussi est-il dû même dans le cas de relâche forcée (*loi du* 4 *germinal an* 2, *tit.* 2, *art.* 6), et quand même le bâtiment ne resterait pas vingt-quatre heures dans le port. (*Lettre du* 23 *prairial an* 2.)

Il est dû par un bâtiment échoué conduit dans un port pour y être radoubé.

Mais on a excepté les bâtimens étrangers à destination pour un port de France, entrant par détresse dans un autre port, lorsqu'ils n'y font aucune opération de commerce ou n'y reçoivent pas de réparations. (*Arrêté du* 26 *ventose an* 4, *art* 2.)

Ceux qui, chargés dans un de nos ports, sont forcés de

_____

(1) Quand même le bâtiment ne porterait que des passagers. (*Décision du* 3 *nivose an* 5.)

relâcher dans un autre en retournant à l'étranger. (*Décision du 27 fructidor an 4.*)

Les bâtimens français expédiés d'un port de France à un autre, lorsque dans ceux de relâche ils ne déchargent pas de marchandises. (*Décision du 7 nivose an 11.*)

Les lettres des ministres des finances et de la marine exigent même que, pour donner lieu dans ce cas à la perception, il soit déchargé ou chargé une partie essentielle de la cargaison.

Bâtimens exempts du droit de tonnage.

Français de 30 tonneaux et au-dessous. (*Art. 30.*)

Français, même au-dessus de 30 tonneaux, venant de la pêche, de la course ou d'un port étranger. (*Art. 32.*)

(Les premiers ne doivent avoir à bord que le produit de leur pêche ; les seconds, que les marchandises composant la cargaison du navire pris.)

Bâtiment navigant seulement dans l'intérieur des rivières, sans emprunt de la mer. (*Décision du 11 fructidor an 5.*)

Bâtiment de la marine impériale et ceux français ou étrangers frétés pour le compte de l'état. (*Art. 5.*)

Bâtiment parlementaire à l'usage unique du gouvernement, encore bien qu'à son retour il prenne des marchandises ou des passagers. (*Lettre du 3 nivose an 5.*)

Bâtiment pris sur les ennemis de l'état. (*Décisions des 9 vendémiaire an 6 et 5 thermidor an 12.*)

Bâtiment qui, forcé d'entrer dans un port et d'y décharger sa cargaison, est condamné comme ne pouvant plus tenir la mer. (*Décision du 7 brumaire an 6.*)

Bâtiment échoué dont le capitaine fait l'abandon, encore que la cargaison soit sauvée. (*Décision du 7 frimaire an 5.*)

Bâtiment trouvé abandonné, et appartenant en conséquence à l'état comme épave de mer.

Droits d'expédition (1); leur quotité.

Le droit d'expédition, d'entrée et de sortie d'un bâtiment étranger de 200 tonneaux ou au-dessous. (*Art. 55.*) 18 fr.

(1) Le bâtiment exempt du droit de tonnage, l'est aussi de ceux d'expédition. (*Décision du 23 pluviose an 2.*)

On a également affranchi du droit d'expédition les barques espagnoles de quatre à cinq tonneaux, qui, en retournant de France en Espagne, cherchent, pendant la nuit, un abri dans un port de la Méditerranée. Elles ne doivent dans leurs diverses relâches, soit volontaires ou forcées, que le droit de tonnage, suivant les circonstances. (*Décision du 19 brumaire an 10, et circulaire du 22.*)

Au-dessus de 200 tonneaux. (*Même article.*)... 56
Bâtiment français de 30 à 150 tonn. (*Art.* 36.)... 2
De 150 à 500. (*Même article.*)............... 6
Au-dessus de 500 tonneaux. (*Même article.*)... 15

Droits d'acquit (1), *Permis* (2) *et Certificat.*

Pour tout acquit, permis et certificat relatif à
une cargaison étrangère. (*Art.* 37.)........... 1 fr.
Pour cargaison française. (*Même article.*)... 50 c.

Bâtimens pour la pêche.

Les bâtimens français venant de la pêche ne paient aucun
droit de tonnage. (*Art.* 32.)

L'immunité accordée à ces bâtimens est étendue à ceux
qui les suppléent en transportant les produits de la pêche
aux lieux les plus avantageux de la vente. (*Décision du 28
pluviose an* 10.)

Les congés délivrés pour ces bâtimens valent pendant un
mois, quel que soit le nombre d'expéditions faites pendant ce
tems. (*Décision du 27 nivose an* 8.)

Mais ils sont sujets au droit de permis pour le déchargement du produit de leur pêche. (*Décision du 25 pluviose an* 5.)

Paquebots.

Les paquebots français doivent être francisés dans les
formes et avec les formalités ordinaires. (*Lettre du ministre
des finances à l'administration des postes, du 28 pluviose
an* 10.)

---

(1) Il doit être perçu un droit particulier d'acquit pour chaque expédition. (*Décision du 17 floréal an* 5.)

Ce droit n'étant qu'accessoire, n'est dû qu'autant qu'il y a lieu au
paiement d'un droit principal de navigation.

(2) Le droit de permis est dû sur chaque déclaration de chargement
ou de déchargement. (*Décision du 17 floréal an* 5.)

Mais il n'en est délivré qu'un pour la même partie de marchandises,
quelle que soit la durée de son chargement et de son déchargement.

Ce droit est dû sur les bâtimens naviguant en rivière, dès qu'ils
ont trente tonneaux. (*Décision du 17 floréal an* 5.)

Les habitans de l'île de Bréhat ne paient qu'un seul droit de permis
pour le chargement et déchargement des objets qu'ils font venir de la
terre ferme, sur des barques de quatre à cinq tonneaux. (*Arrêté du
25 brumaire an* 6.)

Exploités par cette administration, ils sont considérés comme bâtimens de l'état, lorsqu'ils ne transportent que les dépêches et les passagers. (*Décision du 15 floréal an 10.*)

Navires neutres autorisés à faire le cabotage.

Ces navires n'ont à payer d'autres droits de navigation que ceux imposés sur bâtimens français. (*Arrêté du 17 thermidor an 5.*)

Demi-droit de tonnage.

Il sera perçu sur les navires français et étrangers une contribution égale à la moitié du droit de tonnage. (*Loi du 14 floréal an 10, art. 7.*)

Le produit de ce droit qui, suivant une lettre du ministre du 23 du même mois, est passible du décime par franc, est uniquement destiné aux frais de réparation et d'entretien des ports où le recouvrement s'en effectue.

C'est par ce motif, que la perception doit être effectuée sur les bâtimens qui naviguent pour le compte des agens de la marine. (*Décision du 28 nivose an 11.*)

Les bâtimens français de 50 tonneaux et au-dessous étant exempts du droit de tonnage, ne sont point passibles de ce demi-droit. (*Décision du 29 thermidor an 10.*)(1).

DROIT DE GARANTIE SUR L'ARGENTERIE IMPORTÉE DE L'ÉTRANGER.

Les ouvrages d'or et d'argent venant de l'étranger, doivent, indépendamment du droit de douane, un droit particulier pour la garantie de leur titre. (*Loi du 19 brumaire an 6, art. 23.*)

Ce droit est fixé à 20 francs par hectogramme d'or, et à 1 franc par hectogramme d'argent. (*Art. 21.*)

Il est dû sur les vieux ouvrages, à moins qu'on ne consente à les briser au premier bureau des douanes en présence des préposés. (*Lettre du ministre, du 12 prairial an 7.*)

Objets exempts du droit de garantie.

1°. Les ouvrages d'or et d'argent appartenant aux ambassadeurs et envoyés des puissances étrangères.

---

(1) On peut aussi consulter le *Code raisonné de Navigation*, qui se trouve chez Ant. Bailleul, rue Helvétius, n° 71, 1 vol. in-8°. : prix, 3 fr. pour Paris et 4 fr. pour les départemens.

2°. Les bijoux d'or à l'usage personnel des voyageurs, et les ouvrages en argent servant également à leur personne, pourvu que le poids n'excède pas, en totalité, cinq hecto-grammes. (*Loi du 19 brumaire an 6, art. 23.*)

Restitution d'une partie du droit de garantie sur les ouvrages exportés.

Les ouvrages d'or et d'argent fabriqués en France, qui passent à l'étranger, jouissent du remboursement des deux tiers du droit de garantie qu'ils ont acquitté, pourvu que l'exportation ait lieu par les bureaux désignés (1). (*Loi du 19 brumaire an 6, art. 25, 26 et 27.*)

Les expéditions doivent être accompagnées d'une décla-ration descriptive faite au bureau de garantie où le droit a été acquitté, certifiée par les préposés de ce bureau.

Ces déclarations et certificats, légalisés par les maires, et, à Paris, par les administrateurs des monnaies, sont pré-sentés à la douane de sortie, où l'exportation est constatée par les receveurs et autres commis.

Le *visa* du directeur des douanes dans l'arrondissement duquel se trouve le bureau de sortie, et le sceau de l'admi-nistration, complettent les formalités exigées pour le rem-boursement. (*Lettres du ministre, des 22 nivose et 22 ger-minal an 7.*)

Les ouvrages d'or et d'argent reconnus, par les préposés, sans la marque de garantie, doivent être saisis. (*Lettre du ministre des finances, du 18 thermidor an 8.*)

SELS.

Il est établi au profit du trésor public un droit de deux décimes par kilogramme de sel, sur tous les sels enlevés, soit des marais sâlans de l'Océan, soit de ceux de la Mé-diterranée, soit des salines de l'est, soit de toute autre fa-

_____

(1) Les bureaux de terre sont : Pas-de-Béhobie, Ainhoa, Turnhout, Cologne, Coblentz, Mayence, Strasbourg, Bourg-Libre, Pontarlier, Versoix, le Boulou, Verceil.

Ceux de mer : Bayonne, Bordeaux, la Rochelle, Nantes, St.-Malo, Rouen, le Hâvre, St. Valery-sur-Somme, Boulogne, Calais, Dun-kerque, Ostendo, Anvers, Nice, Toulon, Marseille, Cette, Port-Vendres et Agde. (*Arrêtés des 5 frimaire, et 23 pluviose an 7, 9 ven-démiaire an 10 et 18 pluviose an 11.*)

brique de sel. (*Loi du 24 avril 1806*, *titre 7*, *art. 48.*)

La subvention d'un décime par franc ne doit point être ajoutée à ce droit. (*Circulaire du 2 mai suivant*) (1).

Tous les sels fabriqués dans les salines des départemens de la Meurthe, du Jura, du Mont-Blanc, de la Haute-Saône, du Doubs, du Bas-Rhin et du Mont-Tonnerre payent, outre le droit de deux décimes par kilogramme, deux francs par quintal métrique du sel de leur fabrication. (*Même loi*, *art.* 49.)

Il ne peut être établi aucune fabrique, chaudière de sel, sans une déclaration préalable de la part du fabricant, à peine de confiscation des ustensiles propres à la fabrication, et de cent francs d'amende. (*Art.* 51.)

Le droit établi est dû par l'acheteur au moment de la déclaration de l'enlèvement. (*Art.* 52.)

Néanmoins la régie pourra, lorsque la déclaration donnera ouverture à un droit de plus de 600 francs, recevoir en paiement du droit, des obligations suffisamment cautionnées, payables à trois, six et neuf mois. (*Art.* 53.)

Il n'y a pas lieu au paiement du droit, mais seulement à l'acquit du droit ordinaire de balance du commerce et de timbre du congé, pour les sels destinés pour l'étranger. (*Art.* 54.)

Il en est de même pour les sels destinés à la pêche maritime, ou pour les salaisons destinées aux approvisionnemens de la marine et des colonies. (*Art.* 55.)

Toutefois le droit de balance n'est point perceptible sur les sels employés à la pêche ou aux salaisons destinées pour le service de la marine. (*Circulaire du 24 juillet 1806.*)

Le droit de deux décimes par kilogramme est dû sur les sels marins provenant de la fabrication du salpêtre; savoir, sur le pied de deux kilogrammes et demi de sel par chaque cent kilogrammes de salpêtre brut fabriqué, et de quinze kilogrammes de sel par cent kilogrammes de salpêtre raffiné. (*Décret du 16 février 1807*, *art. 1er et 3.*)

Il pourra être acquitté en numéraire ou obligations, selon que la somme à payer sera au-dessus ou au-dessous de 600 francs. (*Même décret*, *art. 4.*)

Le droit est exigible sur les sels qui se distribuent aux marins avec la ration ordinaire, et sur ceux employés au service de l'armée de terre. (*Circulaire du 30 mai 1806.*)

Sur les sels immondes formant le résidu des salaisons de viandes ou de poissons, que l'on voudrait employer,

_____

(1) Elle est due sur les amendes prononcées pour contravention à cet impôt. (*Décis. de S. Exc. le ministre des finances*, *du 9 février 1808*, et circul. du 16.)

soit à la consommation, soit à une préparation quelconque.
(*Circulaire du 6 novembre suivant.*)

Les sels transportés par mer et destinés pour la consommation intérieure, pourront être expédiés sous acquit à caution, et jouir de l'entrepôt dans les ports et dans les villes de l'intérieur qui seront désignés par le gouvernement.
(*Loi du 24 avril, art.* 56.)

Les procès-verbaux de fraudes et contraventions sont assujettis aux formalités prescrites par les lois aux employés de la régie des douanes et de celle des droits réunis. Les condamnations seront poursuivies conformément aux dispositions des mêmes lois, et punies de la confiscation des objets saisis et de l'amende de cent francs. (*Art.* 57.)

La vente du sel continue d'être faite dans les départemens au-delà des Alpes, au profit de l'État, par la régie établie dans le ci-devant Piémont. (*Même loi, art.* 50.)

On ne peut introduire des sels en Toscane, soit par terre, soit par mer, s'ils ne sont pas destinés aux approvisionnemens de cette régie. (*Décret du 22 octobre 1808, art.* 14.)

Police des marais salans, salines et fabriques de sel.

La surveillance des préposés des douanes et des droits réunis ne s'exercera, pour la perception de la taxe sur les sels, que jusqu'à la distance de trois lieues des marais salans, fabriques ou salines situés sur les côtes et frontières, et dans les trois lieues de rayon des fabriques et salines de l'intérieur. La ligne de démarcation sera déterminée comme celle des douanes. (*Décret impérial du 11 juin 1806, art.* 1er.)

Nul enlèvement de sels dans les limites déterminées par l'article précédent, ne pourra être fait sans une déclaration préalable au bureau le plus prochain du lieu de l'extraction, et sans avoir pris un congé ou un acquit à caution, que les conducteurs seront tenus de représenter aux préposés, à toute réquisition, dans les trois lieues des côtes et frontières, ou des fabriques et salines de l'intérieur. (*Art.* 2.)

Les déclarations contiendront le nom du vendeur, celui de l'acheteur, la quantité de sel vendue, le nom du voiturier ou du maître du bateau ou barque qui devra faire le transport, le lieu de la destination et la route à tenir. (*Art.* 3.)

Si les droits ont été payés au moment de la déclaration, il sera délivré un congé qui en fera mention. (*Art.* 4.)

Il sera délivré un acquit à caution, lorsque la déclaration n'aura pas donné lieu à l'acquit des droits. (*Art.* 5.)

Aucun enlèvement de sels ne pourra être fait avant le lever du soleil ou après son coucher, et qu'en suivant la route indiquée par le congé ou acquit à caution. Ces expéditions indiqueront le délai après lequel elles ne seront plus valables. (*Art.* 6.)

Les sels transportés dans l'étendue des trois lieues soumises à la surveillance des préposés, sans être accompagnés d'un acquit à caution, seront saisis et confisqués. (*Art* 7.)

Les sels qui circuleraient dans la même étendue de territoire, avant le lever ou après le coucher du soleil, seront soumis aux mêmes peines, si le congé ou acquit à caution ne porte une permission expresse de transport pendant la nuit. (*Même art.*)

Les préposés des douanes sont autorisés à se transporter, en tout tems, dans l'enceinte des marais salans, dans les salines et lieux de dépôt, pour y exercer leur surveillance. (*Art.* 8.)

Les préposés des droits réunis visiteront et tiendront en exercice les salines et fabriques de l'intérieur. (*Même art.*)

Il sera accordé à tous ceux qui enlèveront des sels des lieux de fabrication, soit qu'ils soient destinés pour les entrepôts ou pour la consommation, cinq pour cent pour tout déchet ; de manière que, déduction faite de cette seule quantité, le droit sera dû sur la totalité des sels compris dans les déclarations et acquits à caution. (*Art.* 12.)

Les sauniers ou paludiers qui voudront enlever des sels des marais salans pour les transporter à dos de chevaux et de mulets, et les vendre dans l'intérieur, ne paieront les droits qu'au retour de chaque voyage, s'ils fournissent caution pour le montant desdits droits : il ne leur sera accordé un second crédit que lorsque le premier aura été acquitté. (*Art.* 14.)

La déclaration prescrite par l'article 51 de la loi du 24 avril, avant l'établissement d'aucune fabrique particulière de sel à la chaudière, sera faite au bureau le plus prochain des douanes, pour celles qu'on voudra établir dans les trois lieues des côtes, et dans les quatre lieues des frontières de terre ; et au bureau le plus prochain des droits réunis, pour celles qui seront établies dans l'intérieur, sous les peines portées par ledit article. (*Art.* 15.)

Toutes les saisies qui donneront lieu à la confiscation des sels, emporteront aussi celle des chevaux, ânes, mulets, voitures, bateaux et autres embarcations, employés au transport. (*Art.* 16.)

Pour faciliter la vérification des quantités de sels au moment de l'extraction et de l'embarquement, on pourra, à l'égard de celles excédant un quintal, employer le mesurage,

après avoir constaté, pour chaque expédition, la quantité
de kilogrammes de sel que contiendra la mesure employée.
(*Art.* 17.)

Toutes les fabrications de sels par l'action du feu, seront tenues en exercice par les préposés des douanes ou
des droits réunis, suivant le lieu où elles seront situées.
(*Art.* 18.)

Il sera tenu, par les fabricans et préposés, des registres
en double, sur lesquels seront portées les quantités de sels
fabriquées, celles en magasin et celles vendues. (*Art.* 19.)

Ils ne pourront laisser sortir de leurs magasins aucune
quantité de sels, que sur la représentation du permis que
l'acheteur aura levé au bureau des douanes ou des droits
réunis.

Ceux qui contreviendront à la présente disposition, seront
condamnés au paiement du double droit des sels qu'ils auront vendus. (*Art.* 20.)

Police dans les trois lieues des côtes de tout l'empire.

La surveillance des douanes s'exercera sur la circulation
intérieure des sels jusqu'à la distance de trois lieues des côtes
de tout l'empire, soit qu'il y existe ou non des marais salans, salines et fabriques de sel. (*Décret du 25 janvier 1807,
art. 1er.*)

Les sels transportés dans le rayon de trois lieues des
côtes, sans déclaration préalable au bureau le plus prochain
du lieu de l'enlèvement, et sans être accompagnés des congés
ou acquits à caution prescrits par les articles 2, 4, 5 et 7
du décret du 11 juin 1806, seront saisis et confisqués, ainsi
que les chevaux, ânes, mulets et voitures employés au
transport; et les conducteurs seront en outre condamnés
à une amende de cent francs, conformément à *l'article 57
de la loi du 24 avril.* (*Même décret, art.* 2.)

Ces congés ou passavans ne sont point soumis au timbre.
(*Circulaire du 3 août 1807.*)

Les dispositions ci-dessus sont applicables à chaque bord
des rivières affluentes à la mer, en remontant ces mêmes
rivières jusqu'au dernier bureau des douanes où se peuvent
payer les droits d'importation ou d'exportation; et la distance des trois lieues dans le rayon desquelles les sels doivent être accompagnés de congés ou acquits à caution, se
mesurera, 1° du rivage de la mer vers l'intérieur; 2° pour
les rivières affluentes à la mer, de chaque point du bord
de ces mêmes rivières, en rentrant vers l'intérieur des terres,
jusqu'au dernier bureau des douanes. (*Décret du 6 juin
1807.*)

Transport par mer.

Les sels transportés par mer pourront être expédiés sous acquit à caution ; le droit sera perçu au moment du débarquement, sur les sels conduits dans les ports qui ne jouiront pas de l'entrepôt. (*Décret du 11 juin, art. 9.*)

Si les sels sont transportés dans un des ports où l'entrepôt est permis, ils pourront y être entreposés sous une double clef, dont l'une restera entre les mains du receveur de la douane ; et n'acquitter les droits que lorsqu'ils en seront tirés pour la consommation. (*Même décret, art. 10.*)

Si les sels entrent dans les rivières pour remonter dans l'intérieur, les droits seront perçus au bureau des douanes le plus avancé en rivière, à moins qu'ils ne soient destinés pour l'un des grands entrepôts de l'intérieur. (*Art. 11.*)

Les propriétaires pourront demander la vérification des chargemens au moment de l'arrivée des bâtimens qui auront fait le transport par mer, si ces bâtimens ont éprouvé des avaries légalement constatées ; et le droit ne sera perçu que sur la quantité reconnue par le résultat de la vérification. (*Art. 13.*)

Entrepôts maritimes et intérieurs.

Les sels provenant des marais salans ou salines jouissent de la faculté de l'entrepôt dans les villes d'*Anvers*, *Gand*, *Bruges*, *Ostende*, *Dunkerque*, *Calais*, *Boulogne*, *Étaples*, *Saint-Valery-sur-Somme*, *Abbeville*, *Dieppe*, *le Hâvre*, *Rouen*, *Honfleur*, *Caen*, *Cherbourg*, *Granville*, *Marans*, *Saint-Malo*, *le Légué*, *Morlaix*, *Brest*, *l'Orient*, *Quimper*, *Vannes*, *Rhedon*, *Nantes*, *la Rochelle*, *les Sables*, *Rochefort*, *Charente*, *Bordeaux*, *Libourne*, *Bayonne*, *Cette*, *Agde*, *Narbonne*, *Toulon*, *Marseille*, *Arles et Nice*. (*Décret du 11 juin, art. 21.*)

La ville de *Gênes* jouit de la faculté de l'entrepôt, mais sous la condition expresse que les sels seront entreposés dans les magasins du port franc. (*Même article.*)

L'entrepôt sera réel et soumis à toutes les conditions et formalités prescrites pour les entrepôts des douanes. (*Art. 22.*)

Les sels entreposés dans les ports qui ont cette faculté, peuvent être expédiés par mer à destination des autres ports de France, sous la formalité de l'acquit à caution. (*Art. 23.*)

Si la destination est pour l'un des ports qui ont la faculté de l'entrepôt, ils pourront y être de nouveau entre-

posés ; dans le cas contraire, ils paieront les droits au mo‑
ment du débarquement. (*Même article.*)

Il y a un entrepôt réel de sels dans les villes de *Paris*,
Lyon, *Toulouse* et *Orléans*; il est soumis à toutes les forma‑
lités prescrites pour les entrepôts des douanes. (*Art.* 24.)

Les sels destinés pour ces entrepôts seront expédiés par ri‑
vière, sous les formalités d'acquit à caution des douanes.
(*Art.* 25.)

L'administration des douanes est chargée de la surveillance
desdits entrepôts, et de la perception du droit sur les sels
qui y sont déposés, lorsqu'ils entrent dans la consommation.
(*Art.* 26.)

La durée de l'entrepôt accordé par les articles 21, 22 et 24
ci-dessus, est limitée à dix-huit mois. (*Décision du ministre
des finances du* 16 *août* 1808.)

Mais il est accordé des prolongations, lorsque les circons‑
tances le réclament. (*Circulaire du* 19 *août.*)

Sels employés à la pêche maritime ou pour les sa‑ laisons destinées aux approvisionnemens de la marine et des colonies.

Les sels destinés à la pêche maritime jouissent, dans tous
les ports où il y a un bureau de douane, d'un entrepôt d'une
année, en quantités proportionnées au nombre et au tonnage
des bâtimens employés à la pêche, sous toutes les conditions
et formalités prescrites par les lois pour les marchandises
admises en entrepôt réel. (*Décret du* 11 *juin, art.* 27.)

Les quantités tirées de l'entrepôt, pour la pêche, seront
exactement vérifiées, et portées sur un registre particulier,
qui servira de contrôle à celui de mise en entrepôt. (*Ar‑
ticle* 28.)

Les propriétaires des sels déclarés pour la pêche, peuvent
les tirer de l'entrepôt pour la consommation, en payant les
droits. (*Art.* 29.)

Les sels seront réputés devoir entrer dans la consomma‑
tion, et comme tels, soumis au paiement du droit, s'ils
n'ont été employés à la première ou à la seconde pêche,
depuis leur mise en entrepôt. (*Art.* 30.)

Les sels expédiés pour les salaisons en mer, qui n'y au‑
ront point été employés, pourront, à leur retour, être ré‑
tablis dans l'entrepôt, après vérification exacte des quantités,
et y rester jusqu'aux expéditions pour la pêche de l'année
suivante. (*Art.* 31.)

Les sels qui, à cette époque, ne seront pas réexpédiés pour
la pêche, acquitteront les droits. (*Même article.*)

Les sels employés pour les salaisons destinées aux appro‑

visionnemens des colonies et de la marine , seront déposés dans des magasins fermés à deux clefs , dont l'une restera entre les mains des préposés des douanes , qui enregistreront les quantités entreposées et en surveilleront l'emploi. (*Article* 52.)

On ne pourra employer pour les salaisons faites en mer ou à terre , que la quantité de sel nécessaire à la conservation du poisson. (*Art.* 33.)

Les barils de poissons salés seront ouverts , et s'ils contiennent du sel superflu , il sera jeté comme immonde. (*Article* 34.)

Les mêmes vérifications auront lieu pour les poissons salés qui seront apportés de l'étranger. (*Art.* 35.)

Péche des sardines , maquereaux et autres poissons dont les salaisons se font à terre, ou qui sont salés en mer pour être consommés en vert.

Aucun atelier de salaison de sardines et autres poissons. qui se renferment et se pressent dans des barriques ou barils , ne pourra être établi sans une déclaration préalable au bureau des douanes le plus prochain. (*Décret du 11 juin , art.* 56.)

Tout propriétaire d'ateliers, qui en aura fait la déclaration , pourra lever aux marais salans , sous acquits-à-caution suffisamment garantis , le sel dont il présumera avoir besoin pour ses salaisons. (*Art.* 38.)

A l'arrivée au bureau de destination , après vérification et soumission faite et cautionnée , il sera tenu de justifier de l'emploi du sel en salaisons , dans les proportions qui seront déterminées , ou de payer le droit de deux décimes par kilogramme ; il lui sera permis d'entreposer ce sel dans son magasin particulier. (*Art.* 39.)

Tous ceux qui , sans déclaration préalable , emploieront du sel en salaisons de poissons , ou qui en auront en dépôt dans les lieux où se font lesdites salaisons , devront justifier qu'ils ont acquitté ou soumissionné le droit ; et à défaut de cette preuve , ils encourront la saisie et confiscation du sel et des salaisons trouvés chez eux , avec amende du double des droits fraudés. (*Art.* 40.)

Les propriétaires ou locataires d'ateliers seront tenus de les ouvrir , ainsi que leurs magasins de sel , à toute réquisition des préposés des douanes , afin qu'ils puissent reconnaître les quantités de salaisons faites et celles de sels non employées. (*Art.* 41.)

Afin de prévenir les doubles emplois qui pourraient être faits de barriques ou barils de poisson pressé ou anchoité , ils seront marqués aux deux bouts et sur le bouge. (*Art.* 42.)

Il n'est rien dû pour l'apposition de cette marque. (*Circulaire du 26 août 1807.*)

S'il résulte de la vérification que la quantité de poisson pressé n'est pas proportionnée à la quantité de sel prétendue consommée, le saleur sera condamné à payer une amende de cent francs, et en outre le double des droits fraudés. (*Art.* 43.)

Si, à l'expiration de la saison où se fait la pêche, des sels restent en magasin, le propriétaire pourra les réserver pour l'année suivante, en fournissant une nouvelle soumission pour la quantité non employée. (*Art.* 44.)

Ceux qui recevront dans leurs magasins ou ateliers, des sels dont les droits n'auraient pas été acquittés ou soumissionnés, seront condamnés à payer une amende de cent francs, et le triple des droits fraudés : en cas de récidive, ceux qui auront été pris en contravention, outre les peines ci-dessus portées, seront privés de la franchise accordée pour les salaisons. (*Art.* 45.)

Les peines portées en l'article précédent seront prononcées contre ceux qui, pour masquer la fraude, supposeront des salaisons qu'ils n'ont pas faites, ou substitueront dans des barriques ou barils, à des poissons pressés, toutes autres matières. (*Art.* 46.)

Tout propriétaire ou maître de chasse-marée ou chaloupe qui voudra faire salaison et commerce de sardines, merluches ou tout autre poisson qui se sale en mer et qui est destiné à être consommé en vert, devra se faire inscrire au bureau des douanes le plus prochain; le certificat de cette inscription lui sera délivré à ses frais, qui seront ceux du timbre seulement. (*Art.* 47.)

Sur la représentation de ce certificat, par le maître, aux préposés des douanes établis près les marais salans ou entrepôts, ils lui délivreront un permis pour lever le sel qu'il jugera lui être nécessaire...., soumission préalablement faite de justifier de l'emploi de ce sel en salaison de poisson.(*Art.* 48.)(1)

Lorsqu'après avoir pris son chargement de poisson et l'avoir salé, il abordera dans un port pour le vendre, il sera tenu, avant de commencer son déchargement, de fournir à la douane une déclaration de la quantité de poissons salés qu'il apporte, du sel neuf qui lui reste, et de représenter

_____

(1) La quantité de 150 kilogrammes qui était réglée par cet article, pour chaque tonneau de contenance, de l'embarcation, est portée à 250 kilogr.; mais la quantité de sel enlevée par un même navire, quelle que soit sa capacité, ne devra jamais excéder celle de 6250 kilogram. reconnue suffisante pour saler 250 milliers de sardines. (*Décision de S. Exc. le ministre des finances, transmise par circulaire du 5 septembre 1806.*)

l'acquit-à-caution qui lui aura été délivré à son départ pour la pêche. (*Art.* 49.)

Si, à son arrivée, il n'était pas porteur d'un acquit-à-caution pour justifier que le sel qui a été employé à des salaisons a été levé aux marais salans de France, et que les droits en ont été préalablement assurés, les salaisons et le sel qui se trouveront à son bord seront confisqués avec amende de cent francs. (*Art.* 50.)

Il encourra les mêmes peines, s'il est rencontré en mer par une embarcation des douanes, sans être muni d'expédition qui justifie l'origine du sel, et que les droits en ont été cautionnés. (*Art.* 51)

Lorsque la déclaration prescrite par l'article 49 aura été faite, il lui sera délivré un permis de déchargement en présence des préposés, qui vérifieront les quantités de poisson et de sels existantes. (*Art.* 52.)

Si la quantité de poisson salé représentée n'était pas proportionnée à la quantité de sel consommée, il paiera une amende de cent francs, et en outre le triple du droit dont le sel non représenté aurait été susceptible. (*Art.* 53.)

Il encourra la même peine, s'il se trouvait à son bord du sel neuf dont il n'aurait pas fait la déclaration, et en outre la confiscation du sel seulement. Dans l'un et l'autre cas, son bâtiment pourra être retenu pour sûreté de l'amende. (*Article* 54.)

Si, ayant du sel à son bord, il déclare ne point vouloir continuer la pêche, il pourra vendre son sel pour la consommation en acquittant les droits. (*Art.* 55.)

Il sera accordé, pour les salaisons ci-dessus désignées qui se feront, soit à terre, soit en mer, une quantité de sel proportionnée à celle des poissons salés qui seront représentés, suivant l'espèce du poisson et l'usage constamment suivi dans les lieux où se feront lesdites salaisons. (*Art.* 56.)

D'après une décision *du 17 mars* 1807, il est alloué pour cent kilogrammes de *sardines*, soixante-quinze kilogrammes de sel dans les ports de l'Océan, et quarante kilogrammes dans les ports de la Méditerranée.

Le décret *du 8 octobre* 1810, autorise, *article* 3, l'administration des douanes à délivrer en franchise, pour la salaison du *hareng* et du *maquereau*, même après le 1er janvier, et pour la pêche sur les côtes des départemens de la Seine-Inférieure, du Calvados et autres, les quantités de sel ci-dessous, reconnues suffisantes, savoir :

Pour 100 kilogrammes net de hareng blanc, 27 kilog.;

Pour 12,240 kilogrammes de harengs saurs, bouffis ou craquelotés, 155 kilogrammes;

Pour 100 kilogrammes net de maquereau salé à terre, 40 kilogrammes;

Pour 100 kilogrammes net de maquereau salé en mer, 48 kilogrammes ;

Pour le paquage de 100 kilogrammes de maquereau salé en mer, 15 kilogrammes.

L'emploi de ces quantités de sels sera constaté par les préposés des douanes. (*Même article.*)

Les quantités de poisson salé qui se consomment dans l'intérieur des villes où s'en fait la salaison, pendant la durée de la pêche, ne seront point prises en compte par les préposés, pour les réglemens du compte des saleurs, relatif à l'emploi du sel de franchise. (*Même décret*, *art.* 5.)

Dans le cas où il serait reconnu que le mode de salaison en cave exigerait l'emploi d'une quantité plus considérable de sel que celle fixée ci-dessus, par l'article 3, M. le directeur général des douanes est autorisé à faire délivrer la portion supplémentaire de sel qui sera jugée nécessaire. (*Article* 23.)

Il est défendu d'employer au paquage du hareng, des barils pesant, vides, plus de quatorze kilogrammes et demi à dix-neuf kilogrammes et demi, et d'y laisser plus d'un kilogramme et demi à deux kilogrammes de saumure ; le baril ne sera réputé plein, loyal et marchand, qu'autant qu'il pèsera, y compris la tare, de cent quarante-quatre à cent quarante-sept kilogrammes. Le poids que devront avoir le demi-baril, le quart et le huitième, est réglé dans la même proportion. (*Articles* 24 et 25.)

C'est sur cette base, que les préposés, après cependant une exacte vérification, prendront en compte les barils qui leur seront représentés, et établiront l'emploi du sel qui aura été délivré à chaque saleur. (*Circulaire du 25 octobre* 1810.)

Les propriétaires d'ateliers de salaison ne pourront avoir dans l'enceinte des bâtimens où se trouvent ces ateliers, que les sels spécialement destinés à la préparation du poisson salé. Toute vente desdits sels est formellement interdite pendant la durée des salaisons, sous les peines portées contre les saleurs trouvés en contravention. (*Art.* 38.)

Ainsi, il est interdit aux saleurs d'appliquer à aucun autre emploi qu'à leurs propres salaisons, les sels qui leur auront été délivrés pour cette destination ; et ils ne seront plus admis à acquitter, pendant la durée des salaisons, sous prétexte de les livrer à la consommation, les droits sur aucune partie de ces sels. (*Circulaire du 25 octobre.*)

Le hareng braillé dans un port, ne saurait être transporté dans un autre pour y être sauré. (*Circulaire du 2 janvier* 1811.)

A l'effet de favoriser la pêche de la sardine sur les côtes

de l'empire, il sera alloué en franchise, dans les proportions qui seront déterminées par les ministres de l'intérieur et des finances, sur l'avis et la proposition de M. le directeur général des douanes, les sels employés à la préparation des petits poissons destinés à servir d'appât pour la pêche de la sardine. Cette franchise sera particulièrement accordée à la salaison du poisson appelé *sprat*, qui se pêche plus communément dans les ports situés sur l'Océan, entre St.-Malo et Paimbœuf. (*Décret du 8 octobre 1810, art. 4.*)

Sels employés dans les fabriques de soude.

Les fabriques de soude ne seront pas assujetties à l'impôt du sel sur celui qu'elles emploieront dans leur fabrication. (*Décret du 15 octobre 1809, art. 1er.*)

Tout fabricant qui voudra jouir de l'exemption, devra déclarer le lieu de son établissement et la quantité de soude qu'il se propose de fabriquer par année.

Cette déclaration sera faite à M. le conseiller d'état directeur général des douanes, pour les fabriques qu'on voudra établir dans l'étendue des côtes et frontières soumises à la police des douanes, ainsi que dans les villes où il existe un entrepôt réel de sels, en exécution *de l'article 24 du décret du 11 juin 1806, et à M. le conseiller d'état directeur général des droits réunis*, pour celles qui seront établies dans les autres parties de l'empire. (*Même décret, art. 2.*)

Les sels qui sortiront hors de la ligne des douanes, pour les fabriques de soude, seront mis en sacs, et expédiés sous plombs et acquits-à-caution, portant obligation de les conduire directement dans la fabrique pour laquelle ils auront été déclarés. (*Art. 3.*)

A défaut du transport desdits sels dans la fabrique, et d'en justifier au bureau d'enlèvement en rapportant les acquits-à-caution revêtus d'un certificat d'arrivée, qui sera délivré par les préposés à l'exercice, et visé par le directeur des douanes ou des droits réunis, suivant le lieu où la fabrique sera située, ceux qui auront fait leur soumission pour la délivrance des acquits-à-caution seront tenus de payer le quadruple des droits imposés sur le sel manquant. (*Art. 4.*)

Les acquits-à-caution ne seront délivrés que lorsque le fabricant aura fait assurer entre les mains du receveur, la garantie des droits jusqu'à l'arrivée des sels en fabrique, soit que celle-ci se trouve située dans la ligne des douanes ou dans l'intérieur.

Cette garantie doit résulter d'une soumission souscrite ou cautionnée par deux personnes domiciliées dans le lieu de la résidence du receveur du bureau d'expédition, et offrant toute solvabilité. La soumission portera d'ailleurs, aux termes de l'art. 4 ci-dessus, l'obligation de payer le quadruple droit sur le sel manquant, dans le cas où les acquits-à-caution qui devront être revêtus du certificat de décharge des préposés à l'exercice, ne justifieraient pas de l'arrivée en fabrique, de la totalité des sels portés dans l'expédition.

Chaque sac contiendra 100 kilogrammes net de sel.

Il ne sera apposé qu'un seul plomb sur chaque sac.

Les sels qui pourront se rendre en fabrique sans sortir de la ligne des douanes, seront également en sacs d'un quintal métrique net ; mais les sacs ne seront pas assujettis à la formalité du plombage.

L'acquit-à-caution indiquera le nombre des sacs, et le nombre de kilogrammes net dont l'expédition sera composée.

Aucun déchet n'étant dû pour les sels délivrés aux fabricans de soude, les acquits-à-caution doivent porter la totalité des sels enlevés soit des marais salans, soit des entrepôts, sans aucune déduction, pour l'emploi en être également justifié intégralement et sans remise. (*Circulaire du 19 décembre* 1809.)

Les sels dont M. le directeur-général des douanes aura autorisé l'expédition, pourront être levés dans les entrepôts réels soit maritimes, soit intérieurs, aussi bien que dans les marais salans.

Les fabricans pourront également en tirer des magasins de la régie des poudres et salpêtres, ou des salines exercées par la régie des droits réunis.

Les enlevemens qui pourraient avoir lieu dans ces deux espèces d'établissemens, sont soumis aux formalités prescrites par les articles 3 et 4 ci-dessus pour les expéditions émanées des marais salans ou entrepôts soumis à la surveillance des douanes. (*Décision de S. Exc. le ministre des finances, du 28 novembre* 1809.)

Les préposés à l'exercice desquels les fabriques de soude seront soumises, vérifieront l'état des cordes et plombs apposés aux sacs de sel, ils reconnaîtront, par une pesée exacte, si les quantités prescrites sont égales à celles portées sur les acquits-à-caution, et feront ensuite vider les sacs pour s'assurer qu'ils ne contiennent que du sel. (*Art.* 5 *du décret.*)

Lorsque les préposés à l'exercice auront fait les vérifications prescrites par l'article précédent, les sels seront mis en leur présence dans un magasin fourni par le fabricant, et qui sera fermé à deux clefs, dont l'une restera entre les mains du fabricant, et l'autre en celles des préposés. (*Article* 6.)

Il sera tenu, par les fabricans et préposés, des régistres sur lesquels seront portées les quantités de sel mises en magasin, et celles qui en sortiront pour la fabrication, les quantités de soude fabriquées et celles qui seront vendues. (*Article 7.*)

Les soudes vendues par le fabricant ne pourront être livrées et sortir de la fabrique, qu'après qu'il aura fait la déclaration de vente aux préposés à l'exercice, et qu'ils auront délivré un permis. (*Art. 8.*)

La quantité de sel accordée pour la fabrication d'un quintal métrique de soude, est de soixante-sept kilogrammes. (*Décret du 18 juin 1810, art. 1er.*)

Tout fabricant qui ne pourra justifier que le sel qui lui aura été livré en exemption des droits, a été employé à la fabrication de la soude, indépendamment du droit auquel il sera assujetti, pourra être privé de l'exemption. (*Décret du 13 octobre, art. 10.*)

Pour indemniser le gouvernement des frais auxquels est attachée la faveur accordée aux fabriques de soude, chaque fabrique paiera, par année, une somme de quinze cents francs entre les mains du receveur des douanes ou des droits réunis, suivant le lieu où la fabrique sera située. (*Décrets des 13 octobre 1809. art. 11, et 18 juin 1810, art. 1er.*)

S'il était reconnu que des sels destinés à la fabrication de la soude, fussent employés à des manipulations étrangères à cette formation, et dont l'objet serait de les faire jouir d'une exemption à laquelle elles n'auraient pas droit, ou détournés à quelque titre que ce soit de la destination déclarée; si quelque fabricant essayait de présenter comme produit de ses fabrications, de la soude provenant d'autres établissemens, ou d'extraire de sa fabrique des quantités de soude différentes de celles portées en ses déclarations; s'il était enfin abusé de quelque manière que ce puisse être, de l'exception accordée, les préposés devront dresser procès-verbal de ces contraventions, et conclure aux peines portées par la loi du 24 *avril* 1806, indépendamment de la privation de l'exemption, qui sera encourue par tous les fabricans, convaincus d'infidélité. (*Circulaire du 30 novembre 1809.*)

MARCHANDISES DE PRISES.

L'arrêté *du 2 prairial an 11* contient des dispositions tendantes à prévenir les versemens sur les côtes, les introductions frauduleuses et les soustractions de ces marchandises.

L'*article* 67 ordonne que toutes les prises seront conduites dans les ports, sans pouvoir rester dans les rades ou aux approches de ces ports, au-delà du tems nécessaire pour leur entrée dans ces même ports.

Lorsque le capitaine d'un navire armé en course aura con-

x

duit une prise dans un des ports de France, il sera tenu d'en
faire la déclaration au bureau de la douane. (*Même ar-*
ticle.)

Cette déclaration coïncide avec le rapport circonstancié
que le capitaine capteur est tenu, par l'art. 66 de cet arrêté, de faire à l'officier de l'administration de la marine.
(*Circulaire du 26 prairial an 11.*)

Après avoir reçu le rapport du conducteur de la prise,
l'officier d'administration de la marine se transportera immédiatement sur le bâtiment, dressera procès-verbal de l'é-
tat dans lequel il le trouvera, et posera, en présence du
capitaine pris, ou de deux officiers ou matelots de son équipage, d'un préposé des douanes, du capitaine ou autre officier du navire capteur, et même des réclamans, s'il s'en
présente, les scellés sur tous les fermans.

Ces scellés ne pourront être levés qu'en présence d'un
préposé des douanes. (*Art.* 69.)

Le préposé des douanes prendra à bord un état détaillé des
balles, ballots, futailles et autres objets qui seront mis à
terre ou chargés dans les chalans et chaloupes ; un double
de cet état, sera envoyé à terre et signé par le garde-ma-
gasin, pour valoir réception des objets y portés.

A mesure du déchargement des objets, et au moment de
leur entrée en magasin, il en sera dressé inventaire en présence d'un visiteur des douanes, qui en tiendra état et le
signera à chaque séance. (*Art.* 70.)

L'officier d'administration de la marine procédera de suite,
et au plus tard dans les 24 heures de la remise des pièces,
à l'instruction de la procédure. (*Art* 72.)

Cette instruction consiste dans la vérification des scellés,
la réception et l'affirmation des rapports et déclarations du
chef conducteur, l'interrogatoire de trois prisonniers au moins,
l'inventaire des pièces, états ou manifestes des chargemens.
(*Art.* 73.)

L'officier d'administration de la marine, sera assisté dans
tous ces actes, du principal préposé des douanes, et il ap-
pellera en outre le fondé de pouvoir des équipages capteurs.
(*Art.* 74.)

Dans le cas d'avaries ou de détérioration de tout ou partie
de la cargaison, l'officier d'administration de la marine,
en apposant les scellés, doit ordonner le déchargement et
la vente dans un délai fixé. La vente ne pourra cependant
avoir lieu qu'après avoir été préalablement affichée dans le
port de l'arrivée, et dans les communes et ports voisins, et
après avoir appellé le principal préposé des douanes et le
fondé de pouvoir des équipages capteurs, ou, à son défaut,
le conducteur de la prise. (*Art.* 76.)

La vente ne peut avoir lieu qu'en se conformant d'ailleurs aux lois des douanes. (*Circulaire du 26 prairial.*)

Le magasin servant de dépôt doit être fermé à trois clefs différentes, dont l'une demeurera entre les mains de l'officier supérieur de l'administration de la marine, une seconde entre celles du receveur des douanes, et la troisième sera remise à l'armateur ou à celui qui le représente. (*Art.* 78.)

Ce magasin sera fourni par les parties intéressées. (*Circulaire du 26 prairial.*)

L'officier supérieur de la marine peut, suivant *l'article* 79, permettre, sur la requête de l'armateur, ou à la réquisition de l'officier d'administration, la vente provisoire des objets sujets à dépérissement.

En ce cas, on doit procéder ainsi qu'il est indiqué ci-dessus relativement aux objets avariés.

La cargaison de prise ainsi déclarée, inventoriée, déposée dans les formes prescrites, le conseil des prises instruit la procédure et prononce.

Les décisions du conseil des prises ne peuvent, d'après *l'article* 84, être exécutées à la diligence des parties intéressées, qu'avec le concours du principal préposé des douanes. Ainsi elles doivent être notifiées au receveur.

S'il y a condamnation, les marchandises seront exposées en vente, et distribuées par lots : la vente, dans aucun cas, ne pourra être faite en bloc. (*Art.* 85.)

La livraison des effets vendus et adjugés sera commencée le lendemain de la vente, et continuée sans interruption. (*Même art.*)

Les livraisons doivent (*art.* 87) être précédées de déclarations et de visites, pour établir la perception des droits, qui seront acquittés, par les acquéreurs, au moment même où ils retireront les lots adjugés.

Quotité des droits sur les marchandises provenant de prises.

Les droits sur les marchandises tarifées, ne diffèrent point de ceux perçus sur les mêmes marchandises venant de l'étranger. (*Décrets des 24 juin 1808 et 8 février 1810, et circulaire des 8 août et 13 septembre suivans.*)

Il y a exception pour les navires : ils continuent, ainsi que leurs agrès et apparaux, à jouir de la franchise accordée par le décret du 19 mai 1793, et à ne payer, en conséquence, que le droit de balance du commerce ; ce qui s'étend aux canons dont ils sont armés. (*Décisions du ministre des finances, des 5 thermidor an 12, et 11 mars 1806, et circulaire du 2 juin 1808.*)

Les sucres raffinés, les soudes et les sels, prohibés par

les lois générales, sont admis lorsqu'ils proviennent de prises, en payant, savoir : .

Les sucres raffinés, 450 fr. par quintal métrique. (*Décret du 25 octobre 1810.*)

Les soudes, 80 fr. *idem.* (*Même décret.*)

Les sels, (1) deux décimes par kilogramme. (*Loi du 1er pluviose an 13, et circulaire du 28 mai 1806, rappelée le 4 août 1809.*)

Les autres objets prohibés, de prises, dont le décret du 24 juin 1808 avait toléré l'admission, au droit de 40 pour 100 de la valeur, ne jouisseut plus de cette faveur : ce décret se trouvant nécessairement abrogé par celui du 18 octobre 1810, qui veut (*article 25*) que les objets prohibés ne soient plus vendus. (*Circulaire du 20 février 1811.*)

Pour les tabacs en feuilles ou fabriqués, provenant de prises, voyez l'article *Tabacs.*

Réexportation des marchandises de prises.

La faculté de la réexportation n'est pas applicable aux navires. (*Loi du 19 thermidor an 4*);

A la poudre à tirer et au salpêtre. (*Loi du 13 fructidor an 5, art. 23 et 32.*)

Aux chiffons, (*Décision du ministre de l'intérieur du 4 juillet 1806*);

Aux denrées coloniales. (*Circulaire du 31 octobre 1810.*)

Aux sucres raffinés. (*Circulaire du 2 novembre suivant.*)

Aux objets prohibés dont le décret du 19 octobre 1810 ordonne le brûlement.

Les autres marchandises provenant de prises, jouissent de la réexportation, à la charge de l'effectuer directement par mer, et ne paient, dans ce cas, que le droit de balance du commerce. (*Circulaire du 21 mars 1807.*)

Les marchandises prohibées dont la réexportation est permise, ne peuvent être expédiées que sur des navires de cent tonneaux et au-dessus. (*Circul. du 26 prairial an 11*).

(1) Les sels de prises ne sont admissibles à aucune des faveurs particulières réservées par la loi du 24 avril, et le réglement du 11 juin 1806, aux sels français. (*Circulaire du 28 novembre 1807.*)

DISPOSITIONS des décrets impériaux des 18 octobre 1810, et 8 mars 1811, tendant à prévenir ou réprimer la fraude et la contrebande.

Tribunaux chargés de la répression de la fraude et contrebande en matières des douanes.

On distingue les cours prévôtales, et les tribunaux ordinaires.

Cours prévôtales.

Il sera établi, jusqu'à la paix générale, des cours prévôtales des douanes, dans les lieux et dans les arrondissemens déterminés ci-après; savoir : *Valenciennes* pour les directions de Wesel, Anvers, Amsterdam, Rotterdam, Dockum, Embden, Dunkerque, Boulogne sur mer, Abbeville et Rouen ; *Rennes*, pour celles de Cherbourg, St.-Malo, Brest, l'Orient et Nantes ; *Agen*, pour celles de la Rochelle, Bordeaux, Bayonne et St-Gaudens ; *Aix*, pour celles de Perpignan, Cette, Marseille, Toulon et Nice ; *Alexandrie*, pour celles de Gênes, Voghère, Parme et Verceil ; *Nancy*, pour celles de Genève, Besançon, Strasbourg, Mayence et Cologne ; *Florence*, pour celles de Livourne, Rome et Foligno. (*Décret du 18 octobre 1810, tit.* 1er., *art.* 1er.)

Ces cours seront composées d'un président grand prévôt des douanes, de huit assesseurs au moins, d'un procureur général, d'un greffier, et du nombre d'huissiers nécessaire à leur service. (*Art.* 2.)

Les grands-prevôts siegeront en épée. (*Même art.*)

Ces cours ne pourront juger qu'au nombre de six ou de huit membres. (*Art.* 3.)

Elles prononceront en dernier ressort. (*Art.* 4.)

Elles connaîtront, exclusivement à tous autres tribunaux, tant du crime de contrebande à main armée, que du crime d'entreprise de contrebande, contre les chefs de bande, conducteurs ou directeurs de réunions de fraudeurs, contre les entrepreneurs de fraude, les assureurs, les intéressés et leurs complices dans les entreprises de fraude ; elles connaîtront également des crimes et délits des employés des douanes dans leurs fonctions. (*Art.* 5.)

Les arrêts définitifs qu'elles rendront après un jugement de compétence confirmé par la cour de cassation, dans les cas prévus par le présent article, ne seront point sujets au recours en cassation. (*Même article.*)

Les procureurs généraux près les cours prévôtales seront tenus de poursuivre d'office les crimes mentionnés dans l'article précédent, sans qu'il soit nécessaire qu'il ait été rapporté procès-verbal contre les prévenus par les préposés des douanes. (*Art.* 6.)

Toutes les preuves qui sont admises, d'après les dispositions du code d'instruction criminelle, pour la conviction des autres crimes, seront reçues contre les prévenus desdits crimes. (*Même art.*)

Tribunaux ordinaires.

Il sera établi sur toutes les frontières occupées par les lignes de nos douanes, des tribunaux auxquels est attribuée la connaissance de toutes les affaires relatives à la fraude des droits de douanes, qui ne donneraient lieu qu'à la confiscation, à l'amende, ou à de simples peines correctionnelles. (*Décret du* 18 *octobre* 1810, *tit.* 1er., *art.* 7.)

Ce tribunaux seront établis dans les lieux et avec les arrondissemens déterminés ci-après; savoir : *Wesel* pour cette direction; *Utrecht* pour les directions d'Amsterdam et de Rotterdam; *Groningue* pour celles d'Embden et de Dockum; *Dunkerque, Boulogne-sur-mer, Abbeville, Rouen, Cherbourg, St.-Malo, Brest, Lorient, Nantes, la Rochelle, Bordeaux, Bayonne, S.-Gaudens, Perpignan, Cette, Marseille, Toulon, Nice, Gênes, Voghère, Parme, Verceil, Genève, Besançon, Strasbourg, Mayence, Cologne, Livourne, Rome* et *Foligno*, pour les directions dont ces villes sont les chefs-lieux (*Art.* 8.); *Anvers*, pour cette direction. (*Décret du* 29 *novembre* 1810)

Ils seront composés d'un président, de quatre assesseurs, d'un procureur impérial, d'un greffier, et des huissiers nécessaires à leur service; ils ne pourront juger en moindre nombre de trois et que sur les conclusions du procureur impérial. (*Décret du* 18 *octobre*, *art.* 8.)

Ces tribunaux instruiront et jugeront les affaires de douanes, selon les formes prescrites pour les affaires de police correctionnelle. (*Art.* 9.)

Les appels des jugemens de ces tribunaux seront portés devant les cours prévôtales dans le ressort desquelles ils se trouveront; ils y seront instruits et jugés conformément aux dispositions du code criminel. (*Art.* 10.)

Les arrêts rendus sur ces appels seront sujets au recours en cassation. (*Même article.*)

Ces tribunaux seront sous l'autorité et inspection des cours prévôtales. (*Art.* 11.)

Instruction criminelle devant les cours prévôtales et les tribunaux ordinaires.

Les grands prevôts et les procureurs généraux près les cours prévôtales, et, sous leur autorité et surveillance, les procureurs près les tribunaux ordinaires des douanes, et tous officiers de police judiciaire, veilleront spécialement à la recherche et poursuite des crimes et délits énoncés au présent décret : les grands prévôts donneront tous les ordres et feront toutes les délégations qu'il jugeront convenables ; ils se transporteront sur les lieux, ou commettront un ou plusieurs des membres, soit des cours prévôtales, soit des tribunaux ordinaires des douanes, pour s'y transporter, toutes les fois que le bien du service l'exigera. (*Décret du 18 octobre 1810, tit. 2, art.* 12.)

Dans les affaires criminelles où le grand prévôt n'aura pas commis l'un de ses assesseurs pour instruire, l'un des membres du tribunal ordinaire des douanes remplira les fonctions de juge d'instruction, conformément au code criminel. (*Art.* 13.)

Peines.

Contrebande à main armée.

Il n'est rien innové aux peines portées par les lois concernant la fraude à main armée. (*Décret du 18 octobre 1810, tit. 3, art.* 14.)

Entrepreneurs, assureurs, intéressés et leurs complices dans les entreprises de fraude en marchandises prohibées, chefs de bande, conducteurs ou directeurs de réunions de fraudeurs.

Les entrepreneurs de fraude en marchandises et denrées prohibées, les assureurs, les intéressés et les complices dans lesdites entreprises, les chefs de bande, directeurs et conducteurs de réunions de fraudeurs en marchandises prohibées, seront punis de dix ans de travaux forcés et de la marque des lettres *V. D.* ; le tout sans préjudice des dommages-intérêts envers l'état, proportionnés aux bénéfices qu'ils auront pu retirer. (*Décret du 18 octobre, tit.* 3, *art.* 15.)

Les simples porteurs pourront n'être punis que de peines correctionnelles, s'il y a en leur faveur des circonstances atténuantes; mais ils seront en outre renvoyés sous la surveillance de la haute police, pour un tems qui ne sera pas moindre de cinq ans, et ne pourra excéder dix ans. (*Article* 16.)

Les cautionnemens qu'ils devront fournir pour jouir de leur liberté, seront fixés d'après la demande que le directeur des douanes aura faite. (*Même art.*)

Toute introduction de marchandises prohibées, de quelque manière qu'elle soit constatée, et même à défaut ou en cas de nullité du procès-verbal, sera, indépendamment de la confiscation, punie des peines déterminées par les lois et réglemens; et quant à l'amende, dans tous les cas, elle sera du triple de la valeur des objets saisis. (*Décret du 8 mars 1811, art.* 1er.)

Les propriétaires des marchandises saisies, ceux qui se seraient chargés de les introduire, les assureurs, leurs complices et adhérens, seront tous solidaires et contraignables par corps pour le paiement de l'amende. (*Art.* 2.)

Entreprises de fraude en marchandises tarifées.

Les entrepreneurs de fraude en marchandises tarifées, ceux qui auront conduit ou dirigé les réunions de fraudeurs, les assureurs, les intéressés et leurs complices, seront punis de quatre ans de travaux forcés, sans préjudice des dommages-intérêts envers l'état, proportionnés aux bénéfices qu'ils auront pu retirer de la fraude. (*Décret du 18 octobre, tit. 3, art.* 17.)

Les simples porteurs pourront, en cas de circonstances atténuantes, n'être punis que conformément à l'article 16. (*Art.* 18.)

Fraude simple.

Toute personne qui, sans concert ni relations propres à constituer une entreprise ou une assurance, sera trouvée introduisant des marchandises en fraude des droits de douanes, sera punie de peines de police correctionnelle, conformément aux lois actuellement existantes, et renvoyée sous la surveillance spéciale de la haute police, pour un tems qui ne sera pas moindre de trois ans, et n'en excédera pas six, en se conformant à l'article 16. (*Décret du 18 octobre, tit. 3, art.* 19.)

Saisies, et partage de la part attribuée aux em-
ployés, ainsi qu'à la gendarmerie, et aux
troupes saisissant seules ou conjointement avec
les préposés.

Les employés qui auront découvert et arrêté la fraude, sans arrêter aussi les fraudeurs, ne recevront que la moitié de la part qui leur est attribuée dans les confiscations; l'autre moitié sera réservée pour être répartie, à la fin de chaque année, entre les brigades qui auront arrêté le plus grand nombre de fraudeurs, et les contrôleurs de brigade, lieutenans principaux et d'ordre, dans la division desquels les arrestations auront été faites. (*Décret du 18 octobre, tit. 4, art.* 20.)

Sera réputée la saisie accompagnée d'arrestation des fraudeurs, lorsqu'il y aura arrestation d'un homme à raison de dix ballots de marchandises. (*Art* 21.)

Les produits des deux tiers des amendes encourues pour introduction de marchandises prohibées, seront distribués comme il est prescrit actuellement pour le produit des saisies, et suivant le mode prescrit par les réglemens sur le partage. (*Décret du 8 mars 1811, art.* 5.)

Le produit du troisième tiers sera mis en réserve dans la caisse des douanes, et réparti, à la fin de chaque trimestre, entre les préposés qui auront saisi des marchandises prohibées pour lesquelles les amendes n'auront pas été recouvrées. (*Même article.*)

Les préposés qui attaqueront des bandes de fraudeurs, recevront une somme de cent francs par individu qu'ils arrêteront. (*Art.* 4.)

Cette gratification leur sera payée dans les quinze jours de l'arrestation, sur le produit des douanes. (*Même article*).

Lorsque la gendarmerie et les troupes saisiront des marchandises prohibées, seules ou conjointement avec les préposés des douanes, elles auront droit au partage des amendes, suivant le mode prescrit dans ces deux cas par les réglemens. (*Art.* 5.)

Si elles attaquent des bandes de fraudeurs, la gratification de cent francs par individu qu'elles arrêteront, leur sera également payée sur le produit des douanes. (*Même article.*)

Transactions.

Il ne pourra être fait aucune transaction pour arrêter ou suspendre les poursuites contre les entrepreneurs de fraude, les assureurs, les intéressés et complices desdites entreprises en marchandises prohibées ou tarifées. (*Décret du 18 octobre, tit.* 5, *art.* 22.)

Il en sera de même à l'égard des auteurs, fauteurs et complices de contrebande à main armée, et des chefs de bande, directeurs et conducteurs de réunions de fraudeurs. (*Même article.*)

Dans les autres affaires de fraude, les transactions ne pourront avoir lieu, lorsque le montant des condamnations en amendes et confiscations pourra excéder la somme de trois mille francs, que par autorisation de Sa Majesté, donnée sur le rapport d'une commission spéciale qu'elle nommera à cet effet. (*Art.* 23.)

Les transactions, dans les affaires de 3,000 francs et au-dessous, seront faites en conformité des dispositions de l'article 2 du décret du 14 fructidor an 10. (*Art.* 24.)

Nota. Les transactions en matières ordinaires de sels ne seraient interdites qu'autant qu'il existerait des circonstances aggravantes. (*Circulaire du 7 décembre* 1810.)

Emploi des marchandises confisquées.

Marchandises prohibées.

Les marchandises prohibées dont la confiscation aura été prononcée, ne seront plus vendues. Les grands prévôts et et les procureurs généraux des cours prévôtales, en feront dresser inventaire, et faire estimation à leur prix commun dans l'étranger, laquelle sera soumise à l'approbation du ministre des finances. (*Décret du 18 octobre, tit.* 6, *art.* 25.)

Ils feront ensuite procéder publiquement à leur brûlement ou destruction, et en feront dresser procès-verbal. (*Art.* 26.)

La somme à distribuer entre les employés des douanes et autres qui auront concouru aux saisies des marchandises prohibées dont la confiscation et le brûlement auront été ordonnés, sera réglée d'après les estimations, et prélevée comme fonds spécial sur les produits ordinaires des douanes. (*Art.* 27.)

Marchandises tarifées.

Les marchandises tarifées dont la confiscation aura été prononcée, seront vendues publiquement aux enchères. (*Décret du 18 octobre, titre* 6, *art.* 28.)

Si quelque partie desdites marchandises exigeait que la vente en fût accélérée, il serait fait, à sa majesté, à ce sujet, des rapports particuliers par le ministre des finances. (*Art.* 29.)

DÉPARTEMENS DE LA HOLLANDE (1).

Sa Majesté, considérant qu'en réunissant la Hollande à ses états, il a été dans ses intentions de faire jouir ce pays des avantages que donne la liberté des relations commerciales entre toutes les parties d'un vaste empire ;

Considérant aussi qu'avant d'ouvrir entièrement les communications, sans autres restrictions que celles commandées par des régimes différens, tel que celui des tabacs, il est nécessaire de prendre des mesures pour empêcher l'introduction en France, des denrées coloniales soustraites aux droits de 40 et 50 pour 100, et de celles qui ont pu ou pourraient être versées sur les côtes de la Hollande, jusqu'à ce que le service des douanes, tant par terre que par mer, soit entièrement organisé et consolidé,

A rendu le 15 mars 1811 le décret suivant :

Les denrées coloniales dénommées par les décrets des 5 août et 12 septembre 1810, qui arriveront en Hollande, soit en vertu de licences, soit qu'elles aient été prises par les corsaires ou les bâtimens de la marine impériale, soit qu'elles proviennent de nos colonies, ne pourront être admises que dans les ports d'Amsterdam, de Rotterdam et d'Embden, où elles seront immédiatement déchargées et mises dans l'entrepôt réel. (art. 1er.)

Lorsque les propriétaires ou consignataires desdites denrées coloniales, ainsi entreposées, voudront les envoyer en France, ils acquitteront les droits à leur sortie de l'entrepôt, et elles seront expédiées, sous plomb et acquits-à-caution, à destination de la France, où elles pourront entrer par la douane d'Anvers, et autres bureaux situés sur le Rhin, qui seront ultérieurement désignés par un décret spécial. (Art. 2)

Les denrées coloniales qui auront été tirées de l'entrepôt, sur la demande des propriétaires ou consignataires, et mises à leur disposition, ne pourront plus être introduites en France. (Art. 3)

A compter du 1er mai 1811, les productions du sol et de

_____

(1) Les douanes en Hollande sont chargées tant du service relatif aux importations étrangères et exportations à l'étranger, que de la surveillance des importations et exportations de Hollande dans les départemens de l'intérieur, et de ceux-ci en Hollande. (*Décret du 18 octobre* 1810, *art.* 143.)

Elles sont divisées en quatre sous-directions, dont les chefs-lieux sont Rotterdam, Amsterdam, Dockum et Embden. (*Art.* 145.)

Les directeurs particuliers de Rotterdam, d'Amsterdam, de Dockum et d'Embden, sont sous la surveillance d'un maître des requêtes, qui réside à Amsterdam, et a le titre de *directeur principal.* (*Art.* 146.)

l'industrie de la Hollande, celles du nord, et les autres
marchandises étrangères, autres que celles désignées par
l'art. 1ᵉʳ du présent décret, et qui auront été introduites par
les douanes de la Hollande, seront admises en France, sans
payer aucun nouveau droit de douane. (*Art.* 4.)

A compter de la même époque, les marchandises colo-
niales, qui ont payé en Hollande le droit de 40 ou de 50 p. $\frac{o}{o}$,
ne seront plus admises en France. (*Art.* 5.)

L'exécution, dans les départemens de la Hollande, des
lois, decrets et réglemens de l'empire, sur les importations
et exportations, éprouve quelques autres exceptions, qui sont
indiquées ci-après :

Charbons de terre, à leur importation en Hollande.

L'entrée en Hollande, des charbons de terre qui ne proviendraient pas de l'empire français, est prohibée. (*Décret
du* 6 *janvier* 1811.)

L'impôt sur ceux qui seront importés de l'empire français, dans ces départemens, sera perçu ainsi qu'il suit. (*Décret du* 11 *janvier, art.* 3); savoir :

Sur le charbon de terre ou houille, à raison de *onze florins*
pour la mesure nommée *hoedon* (chapeau) (1474 kilog.)

Sur le gros charbon, à raison de *dix sous* le waag de cent
quarante livres (68 kilog. 796.)

Farines, pain, biscuit, et toutes préparations de grains, à leur importation en Hollande.

Les farines, le pain et le biscuit qui, des départemens
de l'empire, entreraient dans les départemens de la Hollande, paieront un droit de mouture. (*Décret du* 18 *octobre,
art.* 157.)

Ce droit est fixé ainsi qu'il suit. (*Décret du* 11 *janvier* 1811,
art. 1ᵉʳ); savoir :

Farine de froment blutée ou passée, et biscuit de froment,
ou mélange, les cent livres (49 kilog. 14), *deux florins*;

Farine de froment non blutée ou passée, et pain de froment (*Idem*), *un florin, douze sols.*

Farine de seigle, pain ou biscuit de seigle, *onze sols.*

Il sera payé, pour l'impôt de la farine ou grains cassés
ou moulus, soit de froment, épeautre, seigle, orge, avoine,
blé, sarrasin, maïs, ou de toute autre espèce quelconque,
ainsi que des pains, biscuits, pains d'épice, amidons, poudre, gruau, orge mondé, et toutes autres fabrications sèches
ou préparations de grains, y compris le son, importées des

pays étrangers, *six florins* des 100 livres (49 kilog. 14.)
(*Décret du 11 janvier, art. 2.*)

Grains, farines et légumes, à leur exportation de Hollande.

La loi du 17 novembre 1790, qui régle les formalités à remplir pour l'entrepôt des grains, farines et légumes provenant de l'étranger, et destinés à la réexportation, recevra son exécution dans les départemens de la Hollande. (*Décret du 18 octobre 1810, art. 158.*)

Les règles de l'exportation des blés et menus grains, sont les mêmes pour les nouveaux départemens que pour les anciens. (*Art. 159.*)

L'exportation cessera lorsque le prix de l'hectolitre sera parvenu à 24 fr. dans les marchés du département des Deux-Nèthes, ou lorsque des décrets spéciaux l'auront prohibée. (*Art. 160.*)

Lorsque l'exportation ne sera point défendue, les blés et menus grains qui seront exportés, acquitteront, à la sortie, un droit réglé ainsi qu'il suit :

Lorsque le prix ne s'élèvera pas à 19 fr. dans le département des Deux-Nèthes, par quintal métrique... 2 fr. c.

à 19 fr. *idem*	2	50
à 20 *idem*	3	80
à 21 *idem*	4	
à 22 *idem*	6	
à 23 *idem*	8	

à 24, l'exportation sera suspendue. (*Art. 161.*)

Il ne sera perçu, pour l'exportation des menus grains et des légumes secs, que la moitié des droits mentionnés en l'article précédent. (*Art. 162.*)

Les légumes verts seront exempts de droits. (*Même article.*)

Tabacs.

L'importation des tabacs fabriqués à l'étranger est prohibée en Hollande. (*Décret du 18 octobre 1810, art. 148.*)

Les tabacs en feuilles étrangers ne seront soumis qu'aux droits du tarif hollandais, actuellement existant (*Art. 149.*)

L'impôt de consommation sur le tabac en feuilles, importé en Hollande des pays étrangers, sans préjudice de l'exécution des décrets généraux sur les importations, sera payé comme il suit (*décret du 11 janvier 1811, art. 4*);
savoir :

Tabac de Varinas, la canasse de 90 livres (44 kilog. 226), *trois florins six sous de Hollande* ;

En toute autre futaille, les 100 livres (49 kilog. 14), *trois florins huit sous douze deniers ;*

Tabac de Porto-Ricco et de la Havanne (*idem*), *un florin sept sous huit deniers ;*

Tabac du Brésil (*idem*), *seize sous ;*

Tabac d'Ukraine, Allemagne et autres pays en Europe, ainsi que des côtes (*idem*), *treize sous douze deniers ;*

Tabac des Etats-Unis d'Amérique ; le boucaut de 1000 liv. (491 kilog. 4) brut et au-dessous, *deux florins neuf sous huit deniers.*

Le boucaut au-dessus de mille livres, brut, *trois florins quatorze sous quatre deniers.*

Pour l'exportation des Tabacs de Hollande en France, Voyez l'article général concernant les *Tabacs.*

Nota. Les déclarations des tabacs en feuilles, ainsi que des charbons de terre, des farines, pains, biscuits, etc., mentionnés ci-dessus, se feront aux bureaux des douanes de la manière requise par les lois et décrets relatifs aux douanes de l'empire ; et le paiement de l'impôt se fera aux bureaux des recettes des droits réunis, en suivant les formalités prescrites par la loi hollandaise du 18 décembre 1805. (*Décret du 11 janvier, art. 6.*)

Eaux-de-vie de genièvre, et autres liqueurs fortes.

Le droit de fabrication (1) sera dû sur toutes les eaux-de-vie de grains de fabrication hollandaise qui seront consommées dans toute l'étendue de l'empire. Le droit de consommation sera perçu, en outre, sur les quantités qui seront consommées dans les départemens de la Hollande seulement. (*Décret du 30 janvier 1811, art. 2.*)

Il n'y aura lieu à percevoir que le droit de consommation sur les eaux-de-vie de fabrication française qui seront introduites et consommées dans les départemens de la Hollande. (*Art. 3.*)

Les eaux-de-vie de genièvre et autres liqueurs fortes,

---

(1) Les liqueurs fortes, eaux-de-vie de vin, de grains, genièvre, et toutes autres, de fabrication indigène ou étrangère, fabriquées ou consommées en Hollande, sont assujetties, à une taxe de 24 florins la barrique (oxhoofd) preuve de Hollande.

Ce droit se divise en deux parties, le droit de *fabrication* et celui de *consommation* ; le premier sera le même que celui payé dans l'intérieur de l'Empire. (*Décret du 18 octobre 1810, art. 139.*)

Ces droits de *fabrication* et de *consommation*, seront perçus conformément au tarif annexé au décret du 30 janvier 1811. (*Art. 1er de ce décret.*) *Voyez* ci-après.

de fabrication indigène ou étrangère, qui seront transportées de la Hollande dans les autres départemens de l'empire, ne pourront entrer que par les bureaux de Cologne, Nimègue, Bois-le-Duc, Breda, Berg-op-Zoom, Anvers, Goès, Brouwershaven, Zierickzée, Middelbourg, Flessingue et Gand, et par les ports français au midi de l'Escaut. (*Art.* 5.)

Les mêmes liqueurs qui seront transportées des départemens de l'empire dans ceux de la Hollande, ne pourront sortir que par Cologne, Bois-le-Duc, Anvers, Gand, et les ports français au midi de l'Escaut.

Elles devront être déclarées lors de leur entrée en Hollande ; savoir :

Celles introduites par le Rhin, aux bureaux des droits réunis hollandais, à Sterrenschans ; par le Waal, au bureau de Thiel ; par la Meuse, au bureau de Gorcum ; par le Dordrechtschekil, au bureau de s'Gravendeel ; par le Spui, au bureau de Korendyck. (*Même article.*)

Les expéditeurs ou conducteurs d'eaux-de-vie, esprits ou autres liqueurs fortes indigènes ou étrangères, qui seront introduites des départemens de l'empire dans ceux de la Hollande, ou transportées de ces derniers départemens dans les autres départemens de l'empire, seront tenus de se munir d'un acquit-à-caution, et de s'engager, sous peine d'une amende égale au double des droits de fabrication et de consommation, à rapporter, au dos dudit acquit-à-caution, un certificat en bonne forme, justifiant de l'arrivée au lieu de destination, dans le délai qui sera fixé, des liqueurs déclarées, et de l'accomplissement, dans l'un et dans l'autre cas, des formalités établies pour assurer les droits auxquels lesdites liqueurs peuvent être soumises ultérieurement. (*Art.* 6.)

Bières exportées de Hollande en France.

Les bières hollandaises ne pourront entrer dans l'intérieur que par les bureaux indiqués, et en payant, aux bureaux des droits réunis, un droit de 2 francs par hectolitre. (*Décret du* 18 *octobre* 1810, *article* 156.)

TABLEAU du rapport entre le droit de fabrication et celui de consommation sur les Eaux-de-vie de grains, établis en Hollande en vertu du décret impérial du 18 octobre 1810, pris par barrique (1).

FORCE DES BOISSONS.		DROIT de Fabrication.	DROIT de Consommat.	TOTAL.
Échelle de Carlier.	Échelle hollandaise.	Flor. s. d.	Flor. s. d.	Flor. s. d.
17 degrés et au-dessous...	7 dégrés et au-dessous...	1. 16. «	22. 4. »	24. » »
de 17 à 20.	de 7 à 10.	2. 8. »	21. 12. »	24. » »
— 20 à 21.	— 10 à 11.	2. 8. »	23. 2. »	25. 10. »
— 21 à 22.	— 11 à 12.	3. 12. »	23. 8. »	27. » »
— 22 à 23.	— 12 à 13.	3. 12. »	24. 18. »	28. 10. »
— 23 à 24.	— 13 à 14.	3. 12. »	26. 8. »	30. » »
— 24 à 25.	— 14 à 15.	3. 12. »	27. 18. »	31. 10. »
— 25 à 26.	— 15 à 16.	3. 12. »	29. 8. »	33. » »
— 26 à 27.	— 16 à 17.	3. 12. »	30. 18. »	34. 10. »
— 27 à 28.	— 17 à 18.	3. 12. »	32. 8. »	36. » »
— 28 à 29.	— 18 à 19.	3. 12. »	33. 18. »	37. 10. »
— 29 à 30.	— 19 à 20.	3. 12. »	35. 8. »	39. » »
— 30 à 31.	— 20 à 21.	3. 12. »	36. 5. »	39. 15. »
— 31 à 32.	— 21 à 22.	3. 12. »	36. 18. »	40. 10. »
— 32 à 33.	— 22 à 23.	3. 12. »	37. 13. »	41. 5. «
— 33 à 34.	— 23 à 24.	3. 12. «	38. 8. »	42. « »
— 34 à 35.	— 24 à 25.	3. 12. »	39. 3. »	42. 15. «
— 35 à 36.	— 25 à 26.	3. 12. »	39. 18. »	43. 10. »
— 36 à 37.	— 26 à 27.	3. 12. »	40. 13. »	44. 5. »
— 37 à 38.	— 27 à 28.	3. 12. »	41. 8. »	45. » »
— 38 à 39.	— 28 à 29.	3. 12. »	42. 5. »	45. 15. »
— 39 à 40.	— 29 à 30.	3. 12. »	42. 18. »	46. 10. «

(1) L'oxhoofd, de Hollande, est la barrique de Bordeaux, qui contient ou doit contenir de 28 à 30 veltes, soit 240 pintes anciennes (223 litres $\frac{100}{000}$)

Le florin de Hollande équivaut à . . . . . . F. 2 10 c.

Le sou . . . . » 10 , $\frac{5}{1000}$

Le denier . . . . » 5 $\frac{5}{1000}$

ADDITIONS.

ENTRÉE.

Bois de Nicaragua. Ce bois doit payer à l'entrée, le droit de 15 fr. par quintal métrique, imposé sur le *Bresillet*, par le décret du 12 septembre 1810. (*Lettre du 15 mars 1811, au directeur à la Rochelle.*)

Cendres gravelées. Le droit d'entrée de 30 fr. par quintal métrique, imposé sur les potasses par les décrets des 12 septembre et 5 novembre 1810, est réduit à 15 fr. pour les cendres gravelées, connues sous les qualifications de vedasses, guédasses, casubes, etc., venant des ports de la Baltique et du Nord. (*Décret impérial du 7 mars 1811.*)

Charbon de terre, *voyez* Houille.

Denrées venant de nos colonies. Aux ports ouverts à leur admission, *ajoutez* Amsterdam, Rotterdam et Embden. (*Décret du 15 mars 1811, art.* 1er.)

Gommes, à l'entrée : à l'article *Gomme adragante*, ajoutez; (*lettre du 29 octobre 1810, au directeur à Marseille.*)

Harengs saurs, doivent à l'entrée le droit de 8 fr. le quintal métrique, imposé sur le poisson sec par le décret du 12 septembre 1810. (*Décision de S. Exc. le ministre des finances, du 19 mars 1811.*)

Plomb en saumon, et soufre en canons, venant des Provinces Illyriennes; *voyez* aux observations l'article, *Provinces Illyriennes.*

SORTIE.

Laminoirs simples à *l'usage de l'orfévrerie et de la bijouterie*, ne doivent point être compris dans la prohibition

2

dont les metiers pour les fabriques sont frappés à la sortie. (*Décisions des* 29 *frimaire an* 7 *et* 22 *prairial an* 11 , *rappelés le* 3 *avril* 1811.)

ZINC. — La défense de la sortie en est rapportée. Il peut être exporté en payant le simple droit de balance. (*Décret du* 10 *avril* 1811.)

REMBOURSEMENT DES DROITS D'ENTRÉE SUR DES OBJETS EXPORTÉS.

Aux bureaux ouverts à l'exportation des ouvrages de coton, ajoutez ceux de San-Prospero et Plaisance. (*Circulaire du* 23 *mars* 1811.)

ERRATA.

Page 81 , ligne 14 , Chapeaux de castor , poil et laines, fins ; au lieu de 1 fr. 20 cent. la pièce ; *lisez :* 20 cent. la pièce.
(*Explication donnée par son Excellence le ministre de l'intérieur, le* 4 *avril* 1811 , *et transmise par circulaire du* 9 *).*
Page 83 , ligne 31 ; *lisez :* fines de fabriques du Languedoc.
Ibidem , lig. 29; *lisez* fabriqués.
Page 90 , lig. 38 ; *lisez :* mouchoirs de fil , de coton.
Page 91 , lig. 25 ; *lisez :* 23 ventose.
Page 124 , ligne 21 ; ponctuez ainsi : et réversiblement ;
Page 125 , ligne 30 ; *lisez :* Brislach.
Page 128 , ligne 21 ; *lisez :* le traité de commerce.
Ibidem , ligne 38 ; *lisez :* Goro.
Page 129 , ligne 12 , ponctuez ainsi : et des expéditions Italiennes ;
Page 157 , ligne 45 , au lieu de 12,240 *kilogrammes* de harengs saurs ; *lisez :* 12,240 harengs saurs.
Page 164 , lig. 11 , ponctuez ainsi : ne jouissent plus de cette faveur ,
Page 166 , lig. 14 ; *lisez :* des douanes.

TABLE

DES MATIERES.

De l'imprimerie d'Ant. BAILLEUL, rue Helvétius, n°. 71.

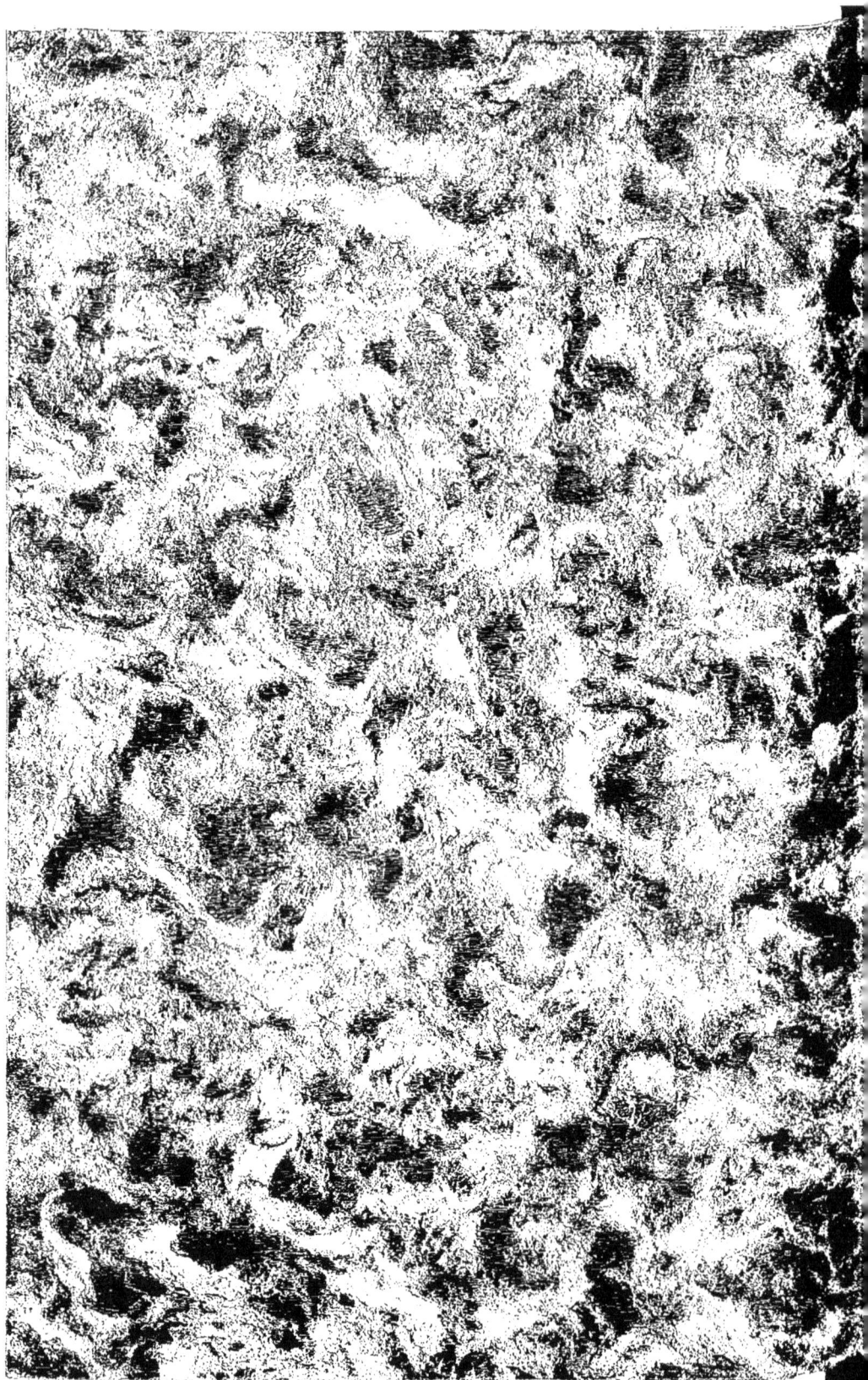

www.ingramcontent.com/pod-product-compliance
Lightning Source LLC
Chambersburg PA
CBHW060528210326
41519CB00014B/3169